D1754491

Die letzten Tage des Hanappi-Stadions

Fotos
Kurt Prinz

Texte
Wendelin Schmidt-Dengler
Laurin Rosenberg
Eric Phillipp

Grafik & Design
Tobias Held/Atzgerei

Inhalt

Wendelin Schmidt-Dengler
Ein Platz auf der Ost

Laurin Rosenberg
Pure Leidenschaft

Eric Phillipp
Das Herz von Hütteldorf

Biografien

Wendelin Schmidt-Dengler (1942–2008) war ein österreichischer Literaturwissenschaftler und Altphilologe. Er unterrichtete an verschiedenen Universitäten im In- und Ausland und wurde 1989 zum ordentlichen Professor für Germanistik an der Universität Wien ernannt. 1996 übernahm er die Leitung des von ihm mitbegründeten Österreichischen Literaturarchivs an der Nationalbibliothek. Schmidt-Dengler beschäftigte sich u. a. ausführlich mit den Werken von Heimito von Doderer, Thomas Bernhard und Ernst Jandl und setzte sich vehement für die öffentliche Wahrnehmung der österreichischen zeitgenössischen Literatur ein. Seit seiner Kindheit war der Geisteswissenschaftler Anhänger des SK Rapid Wien und verfasste ab den späten 1990er-Jahren Kommentare und Essays zur Beziehung zwischen Fußball, Literatur und Kulturgeschichte. Diese Arbeiten erschienen posthum 2012 unter dem Titel „Hamlet oder Happel. Eine Passion" im Klever Verlag. Wendelin Schmidt-Dengler starb am 7. September 2008. Im darauf folgenden Heimspiel wurde im Hanappi-Stadion eine Gedenkminute für ihn abgehalten.

Laurin Rosenberg, geboren 1989 in Purkersdorf, arbeitet im Rapideum, dem Vereinsmuseum des SK Rapid Wien, sowie in der Dauerausstellung „Das Rote Wien im Waschsalon" im Karl-Marx-Hof.

Eric Phillipp, geboren 1971 in Gmünd/NÖ, studierte Architektur an der TU Wien und ist seit Kindheitstagen bekennender Rapid-Fan. Mit der Planung des „Rapideums", das mit dem Anerkennungspreis des Österreichischen Museumspreises 2011 ausgezeichnet wurde, erfüllte er sich einen Herzenswunsch.

Kurt Prinz, geboren 1979 in Wien, ist seit 10 Jahren selbstständig in Wien als Fotograf tätig. Seine Bilder waren in zahlreichen Ausstellungen zu sehen oder erscheinen in Werbekampagnen oder Zeitschriften wie *Datum*, *Vice*, *news*, *profil* oder *Rokko's Adventures*.

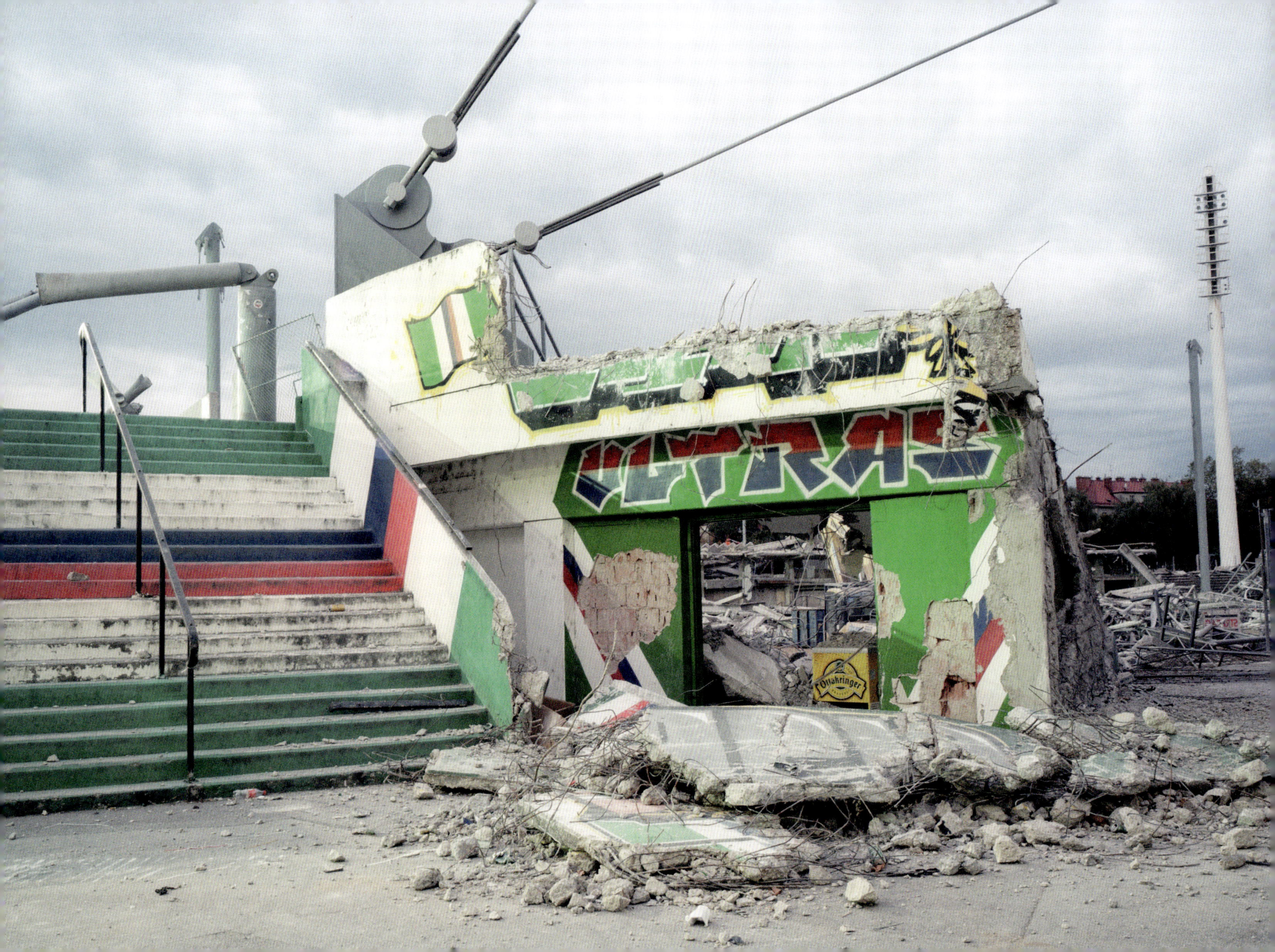
ULTRAS
Ottakringer

Vorwort

„In Wien musst erst sterben, damit sie dich hochleben lassen. Aber dann lebst lang", meinte einst Helmut Qualtinger und hatte damit sicher nicht die Gebäude dieser Stadt gemeint. Aber auf diese trifft das wohl genauso zu wie auf die Menschen. Erst wenn sie wirklich weg sind, wenn Endgültigkeit herrscht, lernt der Wiener sie wertzuschätzen. Dann schmeißt man Abrisspartys, Events, die sowohl dem Hanappi-Stadion als auch dem Südbahnhof gegönnt wurden. Tausende rückten an, um Mauerteile und Inventar zu kaufen, jeden Winkel zu inspizieren und um wehmütig in Erinnerungen zu schwelgen. Egal, wie oft man das Gebäude einst beschimpft, geschmäht oder verachtet hatte.

Auch ich kenne dieses Gefühl. Ein Gebäude wird fotografisch für mich erst wirklich interessant, wenn die ersten Trümmer fliegen. Ich mag sie auch, die verlassenen Bauwerke (im Fachjargon "Lost Places"), aber erst wenn die ersten Mauern abgetragen werden und die Schuttberge wachsen, steigt das Verlangen, dort zu sein. Gebäude stülpen ihr Innerstes nach außen, gleichsam seziert stehen sie da und warten auf ihr Ende.

Durch die substanzielle Veränderung ihrer Form werden sie für mich zu Skulpturen in Anlehnung an die *Readymades* von Marcel Duchamp. Oft existieren sie nur wenige Sekunden, bevor sie wieder verschwinden. Ich sehe meine Aufgabe darin, eben genau diese Momente festzuhalten, die letzten Fragmente zu dokumentieren, die uns noch eine Idee davon geben können, wie diese Gebäude einmal aussahen und wofür sie standen. Ich suche und finde die Schönheit in den Trümmern dieser Stadt.

Für mich als Rapid-Fan war das Hanappi-Stadion deshalb ein doppelter Magnet. An vielen Wochenenden trieb es mich hinaus auf den Platz, aber ganz anders als bisher war ich jetzt alleine im Stadion. Als sich um 7 Uhr in der Früh die einbrechenden Nebelschwaden langsam über die Ruinen der Spielstätte legten, wurde mir klar, dass dies wieder einer der schmerzlichen Momente ist, an denen man sich eingestehen muss, dass es auch sinnvoll sein kann, am Sonntag so früh aufzustehen.

Kurt Prinz, Wien, März 2016

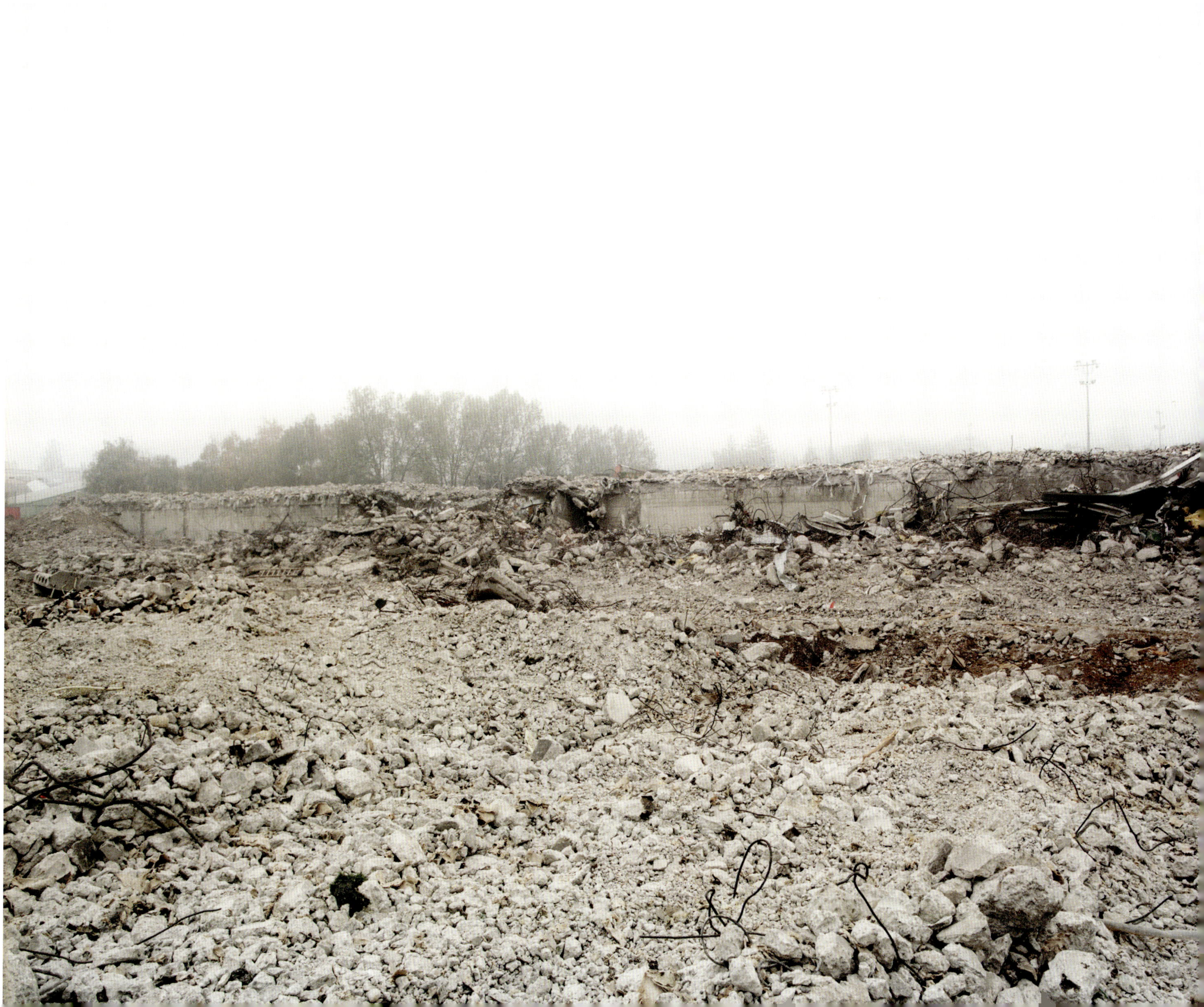

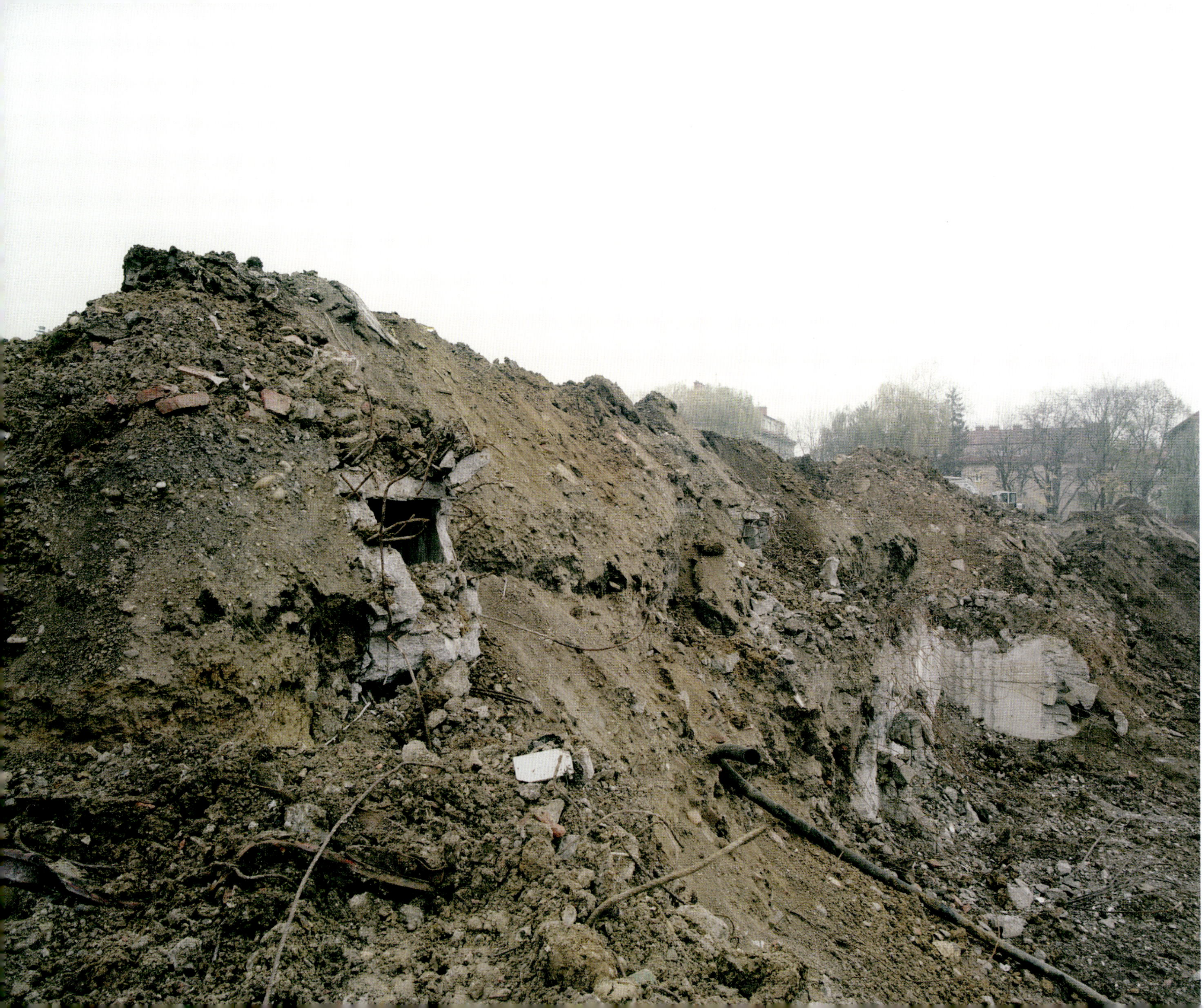

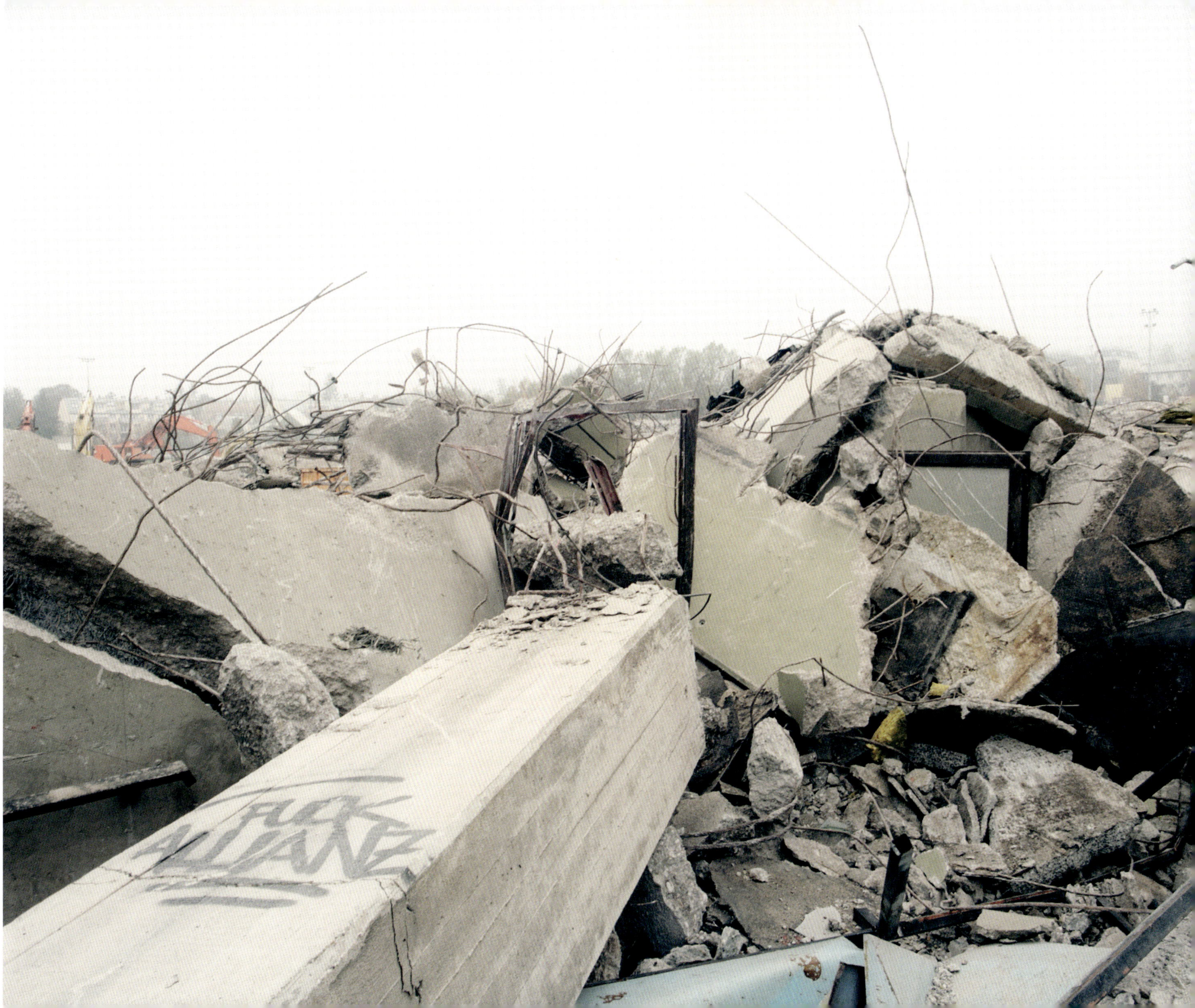
FUCK
ALLIANZ

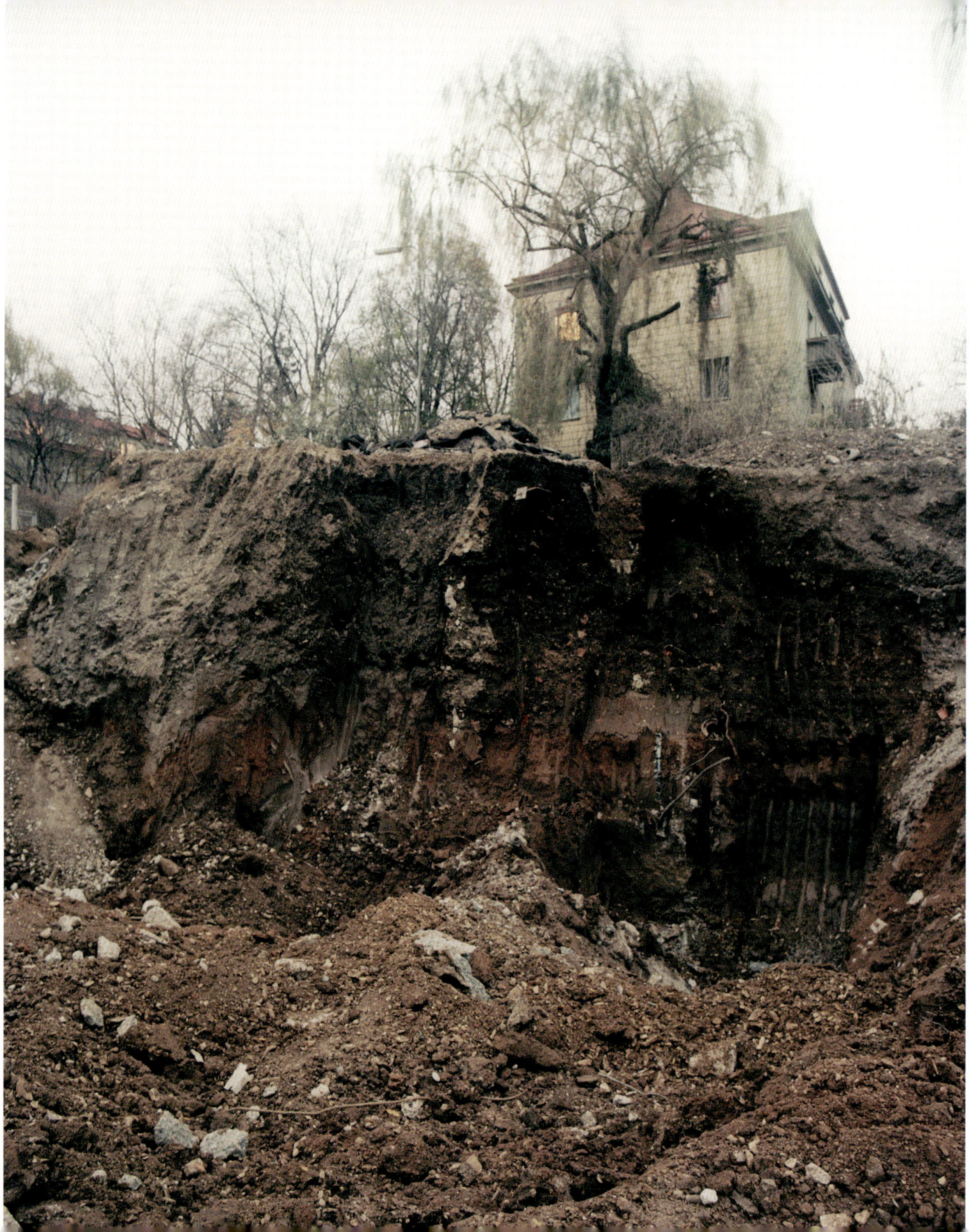

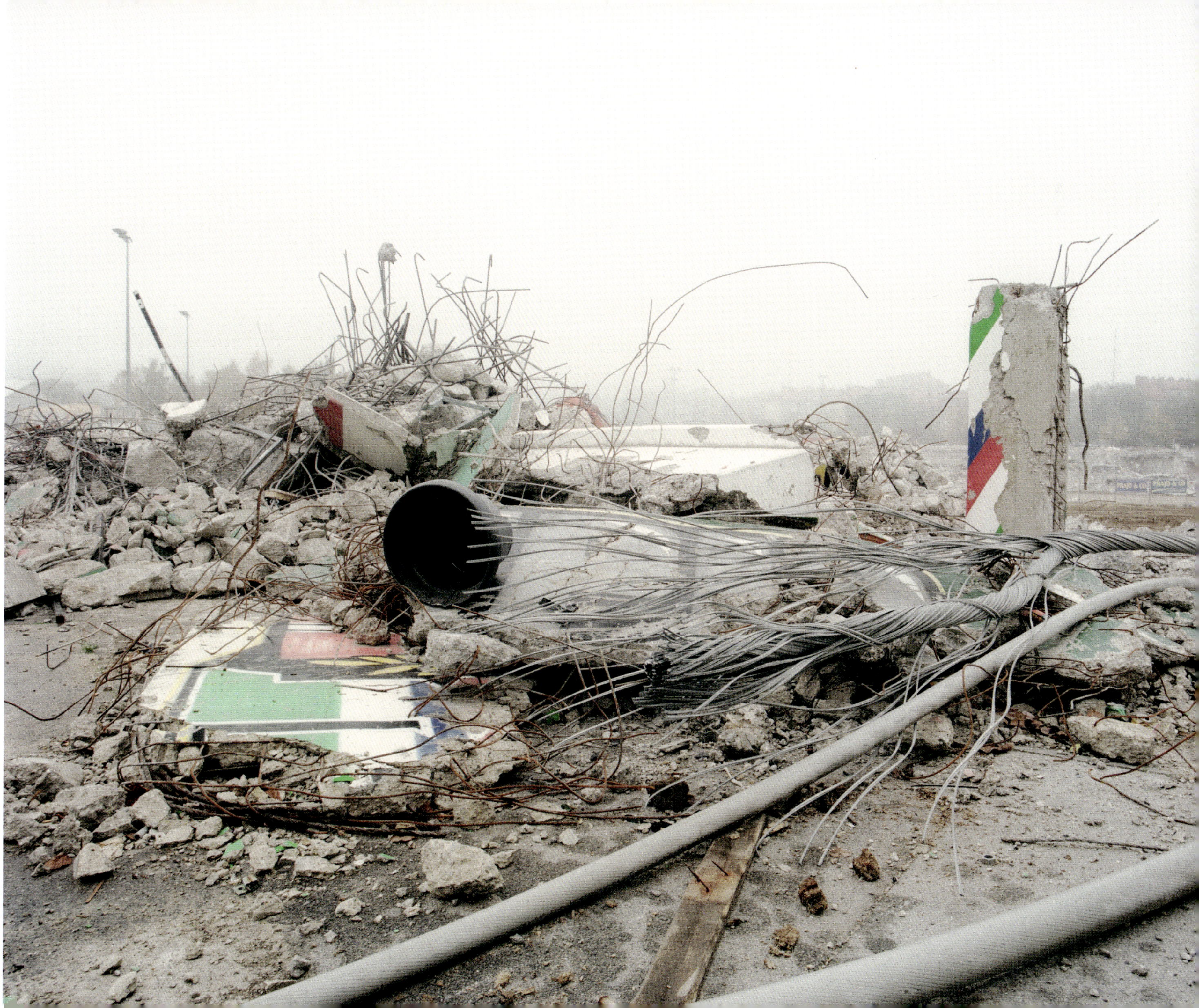

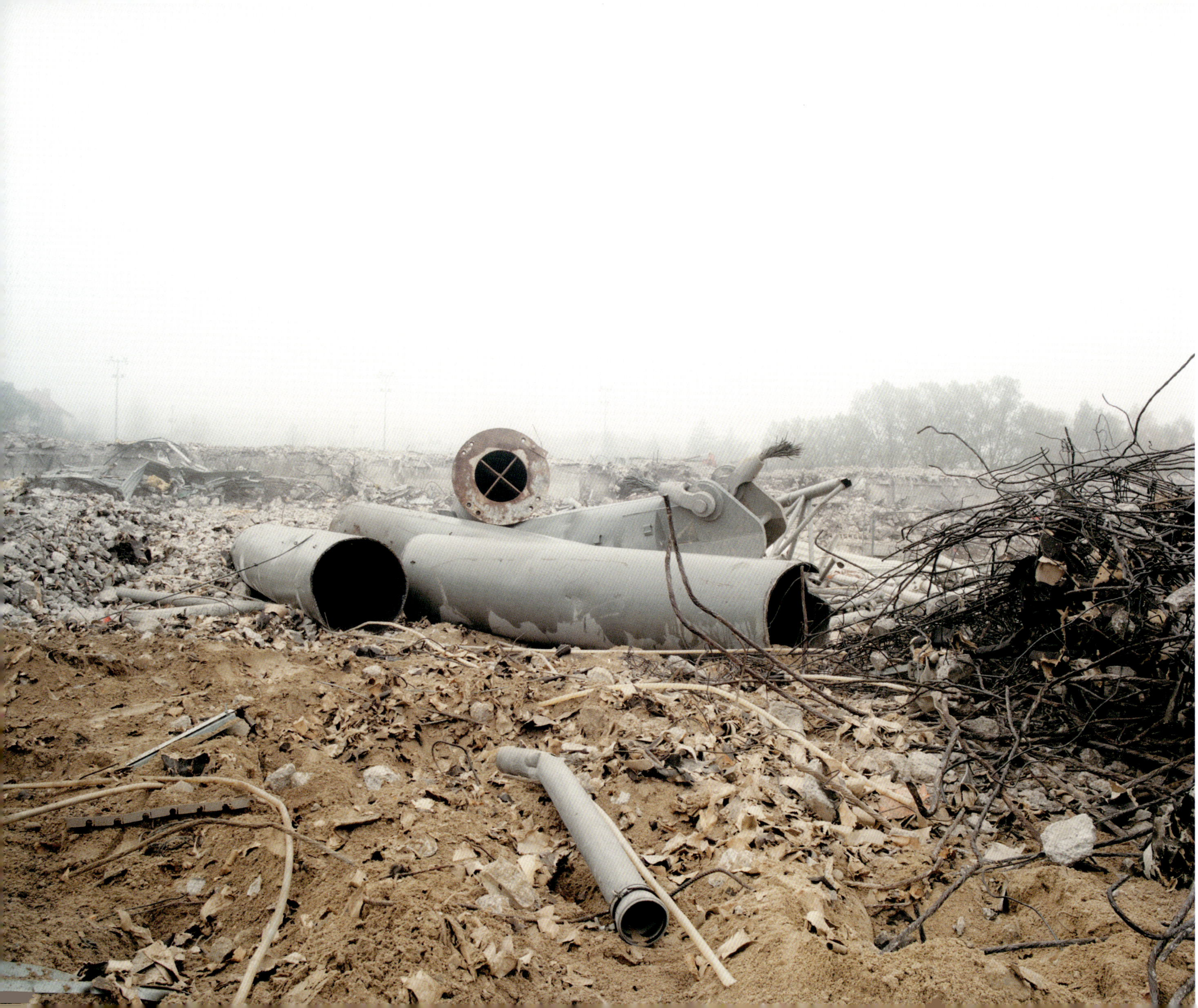

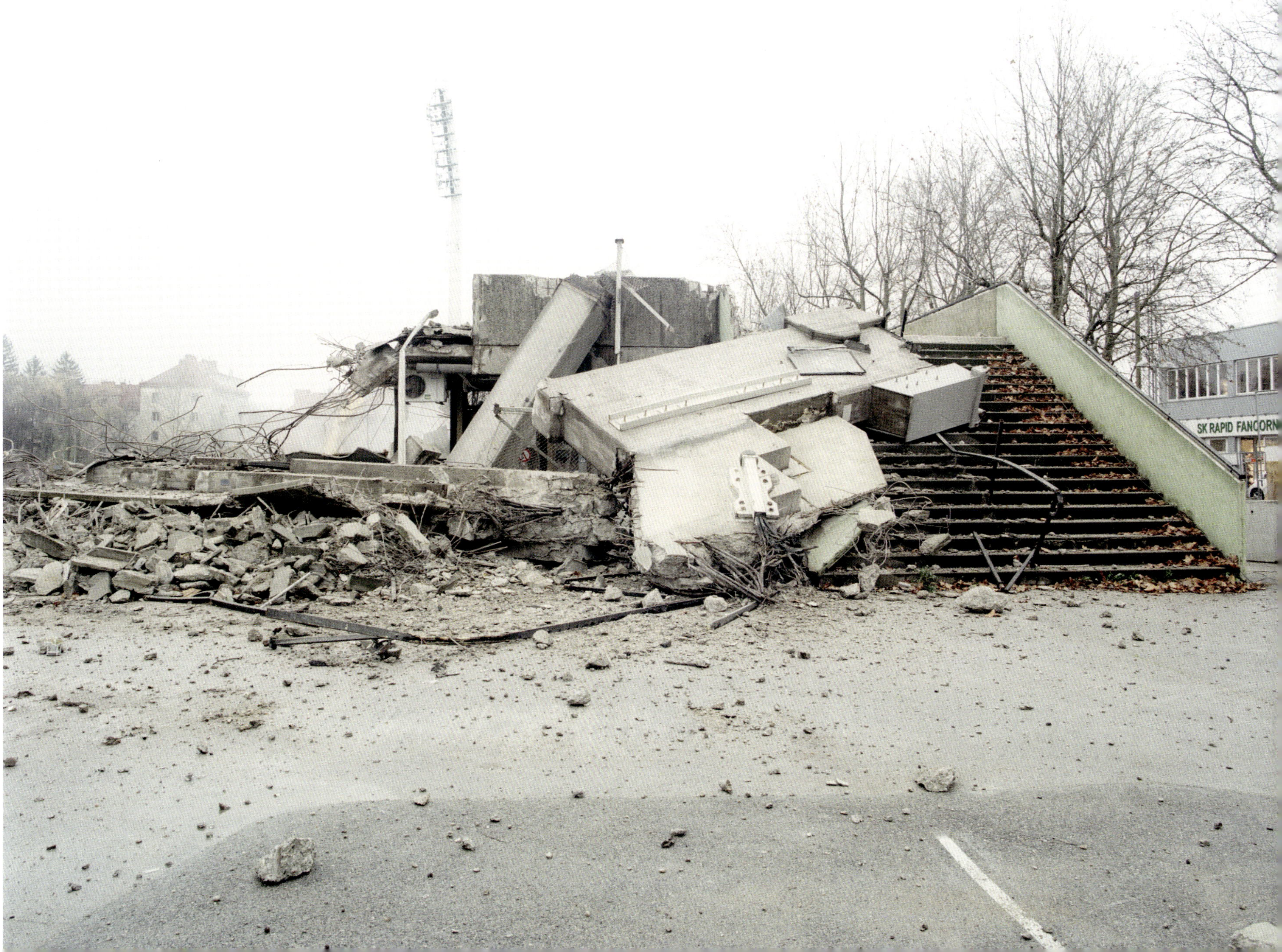
SK RAPID

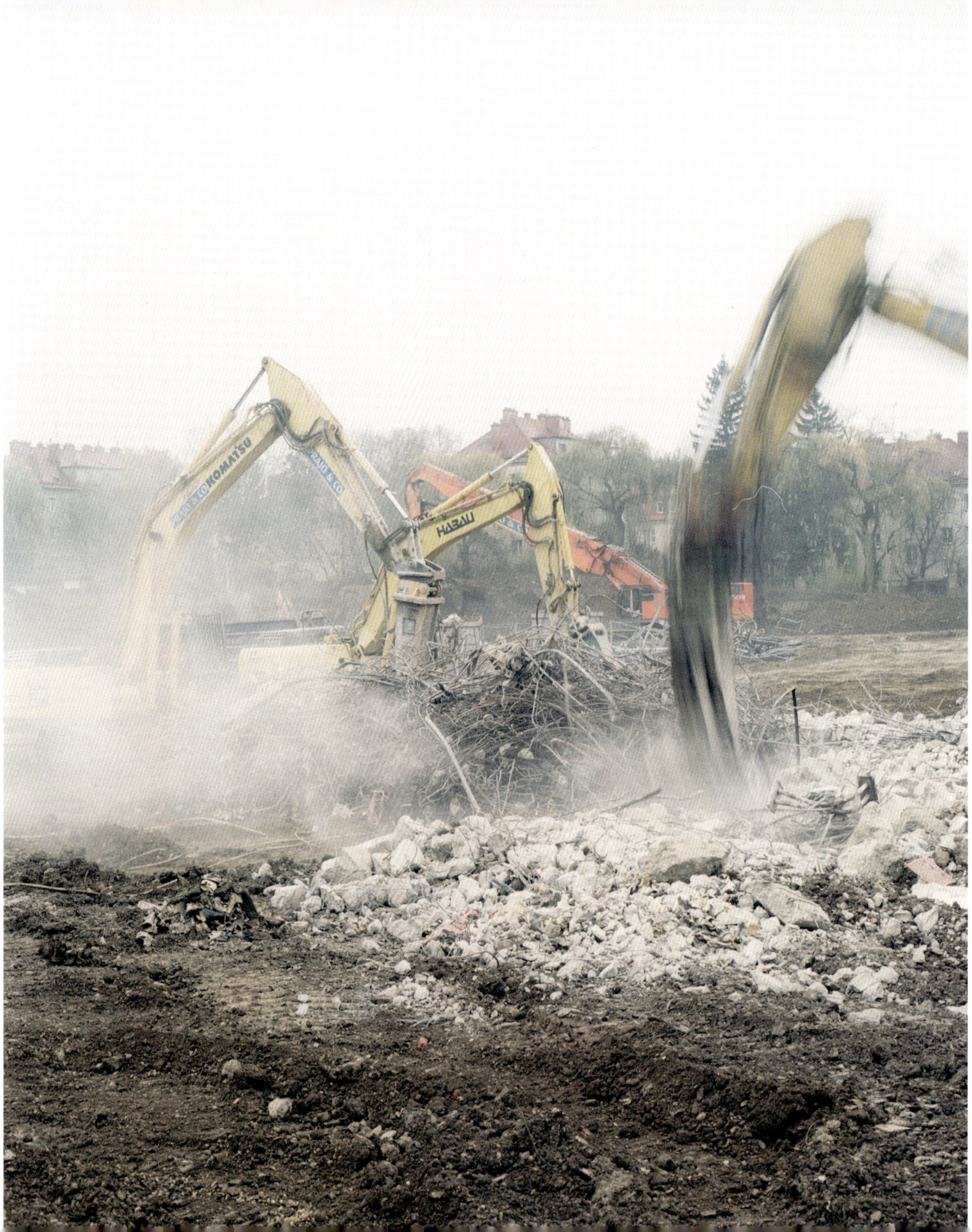
KOMATSU
HABAU

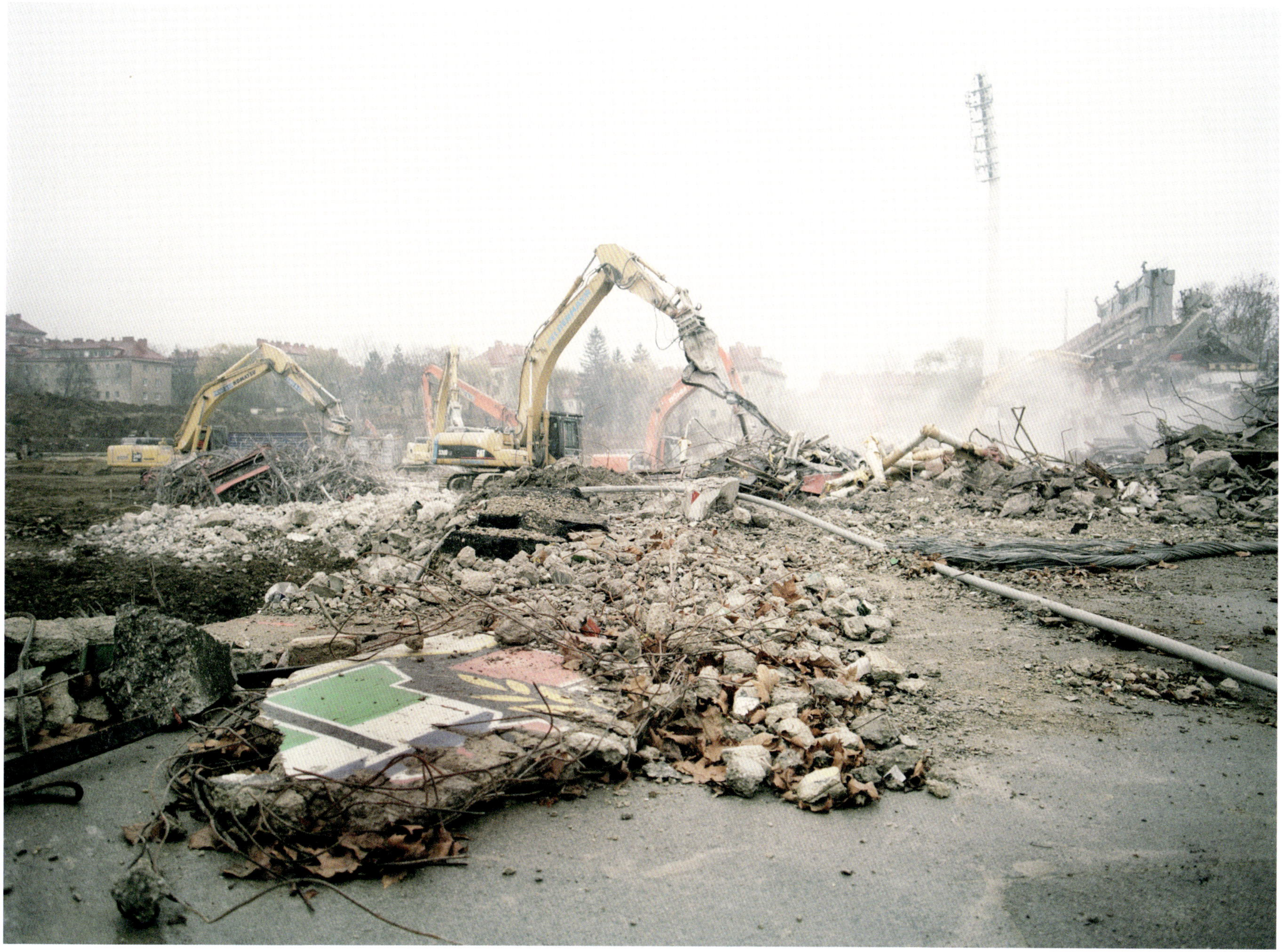

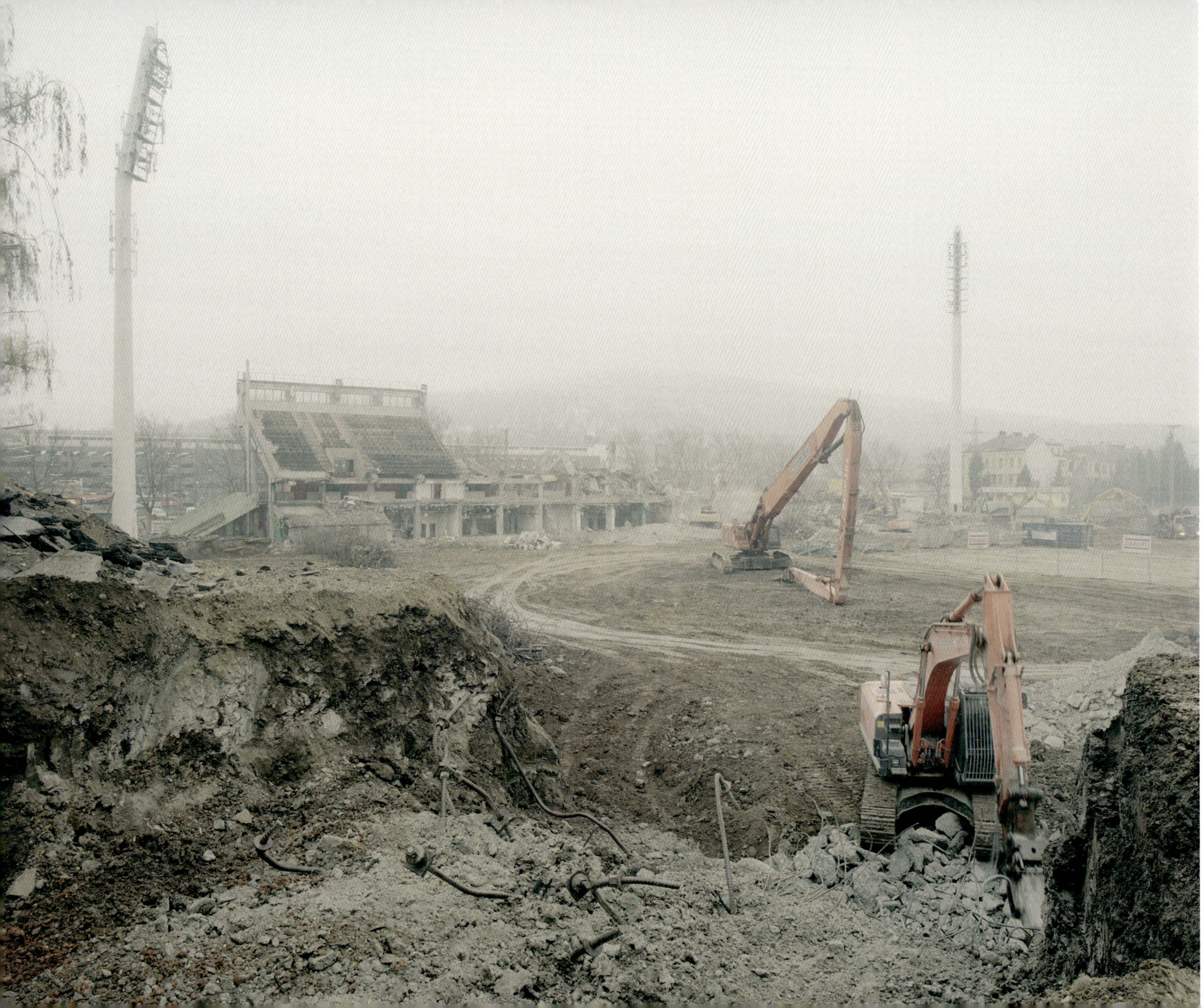

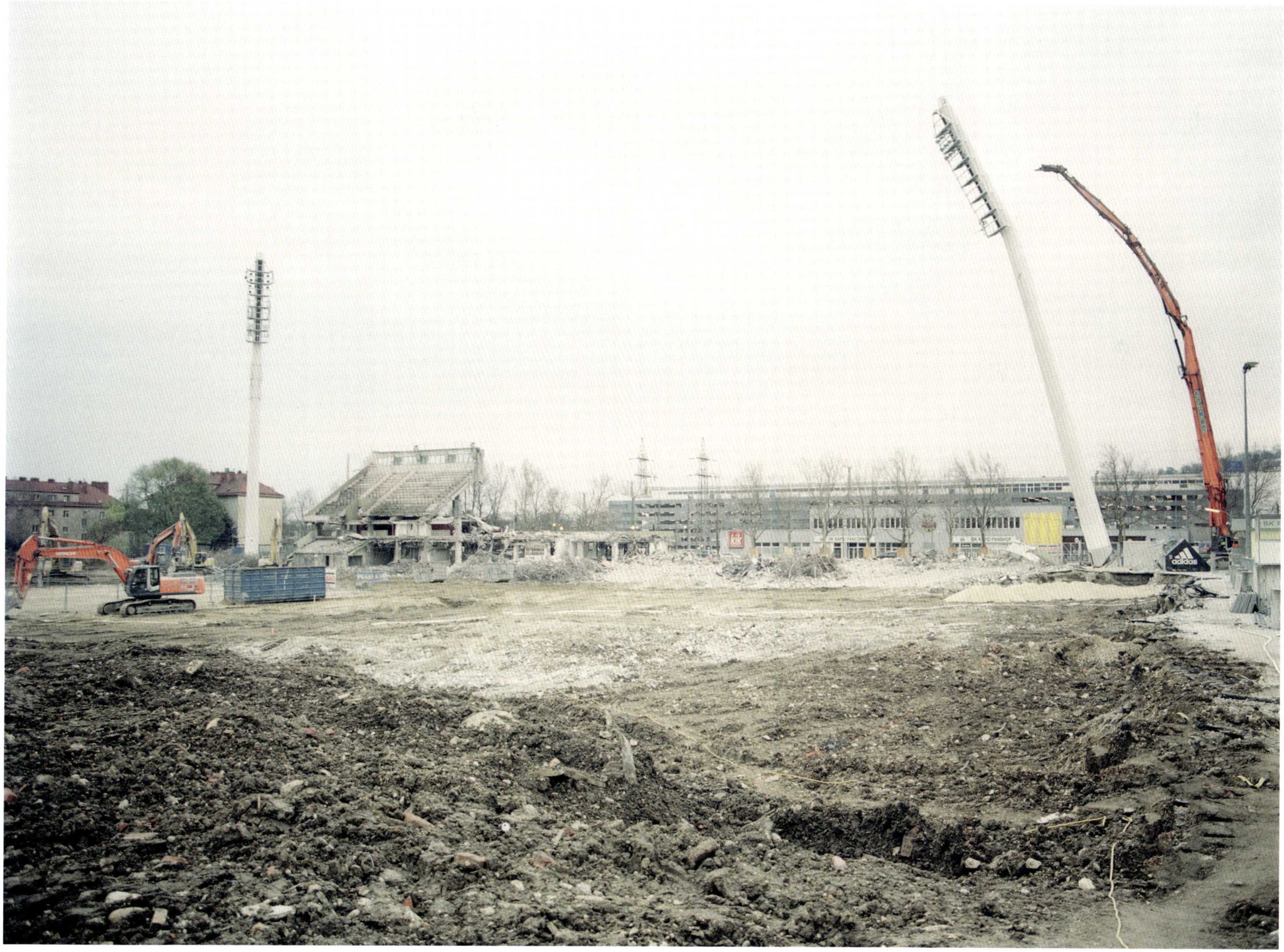
adidas

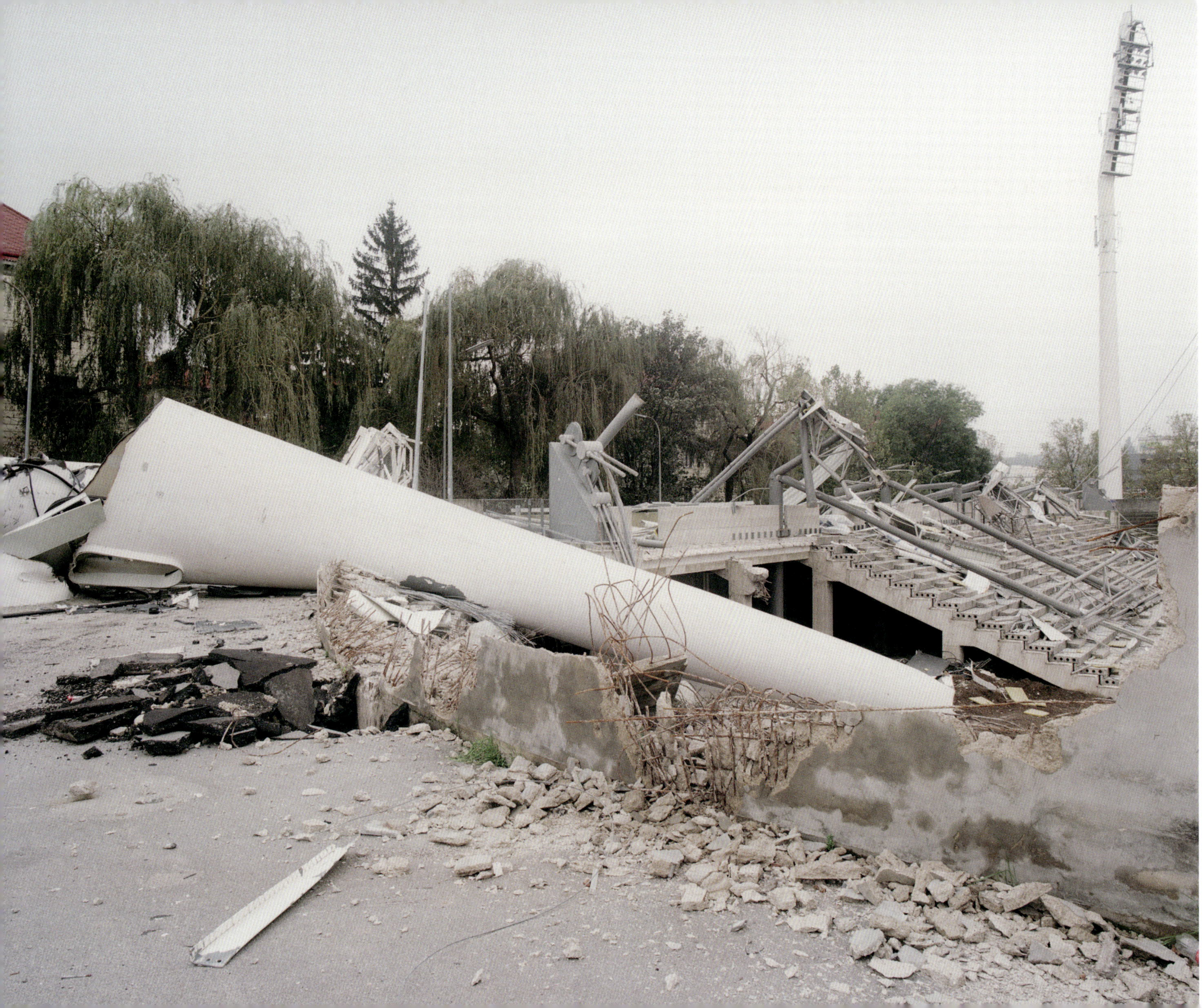

Wendelin Schmidt-Dengler
Ein Platz auf der Ost

Bin ich im strengen Wortsinne ein Fan? Habe ich überhaupt das Recht, dieses Wort als einfacher Rapid-Anhänger auf mich zu beziehen? Das Wort Fan kommt aus dem Lateinischen über das Englische ins Deutsche: fanaticus heißt begeistert und gehört zu fanum – das Heiligtum. Dem Fan muss etwas heilig sein, das er von allem Profanen klar abheben kann. Da erhebt sich die Frage, ob man den Anforderungen genügt, die wesenhaft an den Fan gestellt werden, nicht zuletzt um endlich der gedankenlosen Verwendung dieses Wortes vorzubeugen. Mich befällt ein leises Unbehagen, wenn die Fans sich formieren; das müssen beileibe keine Hooligans sein, mich irritiert diese Rede, die den Fans und dem Fanatismus eine bestimmte Qualität zuschreibt, so als ob damit ein Verein gleichsam eine Heiligung erfährt, als etwas Sakrosanktes für dessen Anhänger. Über die Beziehungen von Religion und Sport ist schon viel geschrieben und noch mehr geredet worden, mit Grund. Aber was dabei herauskommt, ist nicht immer erhellend. Gewiss, man pilgert nach St. Hanappi, denn Rapid ist Religion. Dort herrscht Gott Fußball. Dort ist die Welt so übersichtlich, eingeteilt in Gut und Böse. Man macht es sich aber zu einfach, wenn man Sport als Ersatzreligion bezeichnet; und es wäre nicht ganz ohne Ironie, wenn man umgekehrt die Religion als Ersatzsport bezeichnete. Beide sind trotz augenfälliger Analogien nicht austauschbar.

Doch es geht mir der Fußball dauernd im Hirn herum, sicher nachhaltiger als das Problem der Unbefleckten Empfängnis. Auch wenn in Abständen, die sich rhythmisch durch Welt- oder Europameisterschaften ergeben, alle Intellektuellen von Sloterdijk abwärts vor das Mikrofon gezerrt werden, um Philosophisches zum Phänomen Fußball zu sagen, auch wenn die Soziologen sich redlich um Erklärungen bemühen und Künstler verschiedener Disziplinen sich vorzugsweise des Fußballs annehmen – so ganz hinter das Geheimnis der Weltgeltung gerade dieses Sports sind sie nicht gekommen. Das sitzt in uns tief drinnen und muss sich gar nicht notwendig in diesen etwas läppischen Fanmaskeraden manifestieren, die am Wochenende die U-Bahnen aller Metropolen Europas bevölkern. Da wird etwas Inneres äußerlich gemacht, wie es – zumindest in den westlichen Demokratien – im Bereich des Politischen, ja auch des Religiösen selten so prägnant zum Ausdruck kommt. Das „Inkalkulable" der Anhängerschaft hat Nick Hornby in dem meiner Meinung nach bislang besten Roman über Fußball eindrucksvoll dargestellt. In *Fever Pitch* (1992) geht es um Arsenal London, und Hornby bietet auf autobiografischer Grundlage die Geschichte einer Leidenschaft. Schon der Einstieg überzeugt: "I fell in love with football as I was later to fall in love with women: suddenly, inexplicably, uncritically." Wer ein Fußballanhänger sein will (oder -liebhaber) und meint, das träfe auf ihn nicht zu, der soll aufzeigen. Ich wurde gefragt, seit wann ich Rapid-Anhänger bin: „Bevor ich zu denken angefangen habe", sagte ich. Was einen Austrianer zu der bösen Bemerkung veranlasste, das sei typisch: Man könne nur auf Grund von Denkdefiziten zum Rapidler werden – so als ob der Austria-Anhang ein reflexionsgeleiteter Eliteverein wäre. Ich kann meine nun weit über fünfzig Jahre dauernde Anhänglichkeit an diesen Verein nicht erklären, so wie ich mir meine Leseleidenschaft auch nicht erklären kann. Ich war ein schlechter Fußballer, und vielleicht hat gerade das meine Lust an der Identifikation mit den Helden der Rapid-Mannschaft von 1954 gefördert: Das war das Andere und mir Verschlossene. Man kann ja auch von einem Tenor schwärmen und muss nicht singen können. Fußball ist ein Gebiet, auf dem ich nicht einmal dilettieren konnte. So finde ich auch heute solche Bundeskanzler und Vizekanzler, die sich im Fußballdress populistisch abmühen, eher befremdlich. Meinen auf förderlichste Weise um mich pädagogisch bemühten Vater interessierte Fußball überhaupt nicht, ja er verachtete diesen Sport geradezu, und ich bin froh, dass ich meine ödipalen Differenzen mit ihm nur auf diesem Felde auszutragen hatte.

Ein traumatisches Erlebnis wirkt bis heute nach: In der Frühjahrssaison 1955 verlor Rapid gegen Vienna mit 0:5. An Niederlagen habe ich mich, vor allem in der letzten Zeit, gewöhnt; damit umzugehen, ist fürwahr eine gute Schule fürs Leben. Man bezieht alles auf sich, man fühlt sich schuldig, man schöpft wieder Mut, wenn es aufwärts geht. Man leidet mit, und doch ist es nicht ein Leid, das einem persönlich zugefügt wird. Bangend schalte ich den Teletext ein oder schnappe mir am Sonntag die Zeitung, um die Resultate zu erfahren. Anhängerschaft ist für mich eine höchst intime Angelegenheit. Ich verleugne sie nicht, ich rede auch mit Freunden gerne darüber, aber mitteilen lässt sich dieses seltsam prickelnde Gefühl nicht, das einen beim Anpfiff befällt, ein seltsamer Schauder, wenn es losgeht. Man kann versuchen, alles vernünftig zu erklären, doch sind die Begründungen für die Fußballleidenschaft meistens nachgereichte Zweckrationalisierungen; und es klingt genauso aufgesetzt, wenn man seine Leidenschaft für Literatur erklären will. Die Begeisterung für Shakespeare oder Schubert sollte tunlichst von allen solchen moralischen Begründungen befreit werden; auch beim Fußball haben sie nichts verloren. Da zählen das Spiel, die Spannung, die Anteilnahme, der obsessive Umgang in der Fantasie. Heute Anhänger eines österreichischen Vereins zu sein, hat schon etwas Heroisches an sich; das ist ein Engagement fürs Deviante, für das schlechthin Regionale und Marginale. Ich möchte mich aber doch keinesfalls Bayern München oder Chelsea und damit dem vermeintlich Globalen anschließen. Schon dass es einen Verein wie Red Bull Salzburg in Österreich überhaupt geben kann, erfüllt mich mit Unbehagen. Und wenn Rapid in die Regionalliga absteigen sollte, ich werde mich von diesem Verein nicht abbringen lassen. In diesem Sinne kann auch ich mich als Fan verstehen.

Es ist schön, wenn die österreichische Nationalmannschaft gewinnt oder ein österreichisches Team international reüssiert. Aber das macht mich nicht zum Fan. Das sitzt tiefer; dazu bedarf es keiner Shawls und bunter Wimpeln. Dazu genügt ein Platz auf der Osttribüne. Die organisierten Fans sind auf der anderen Seite.

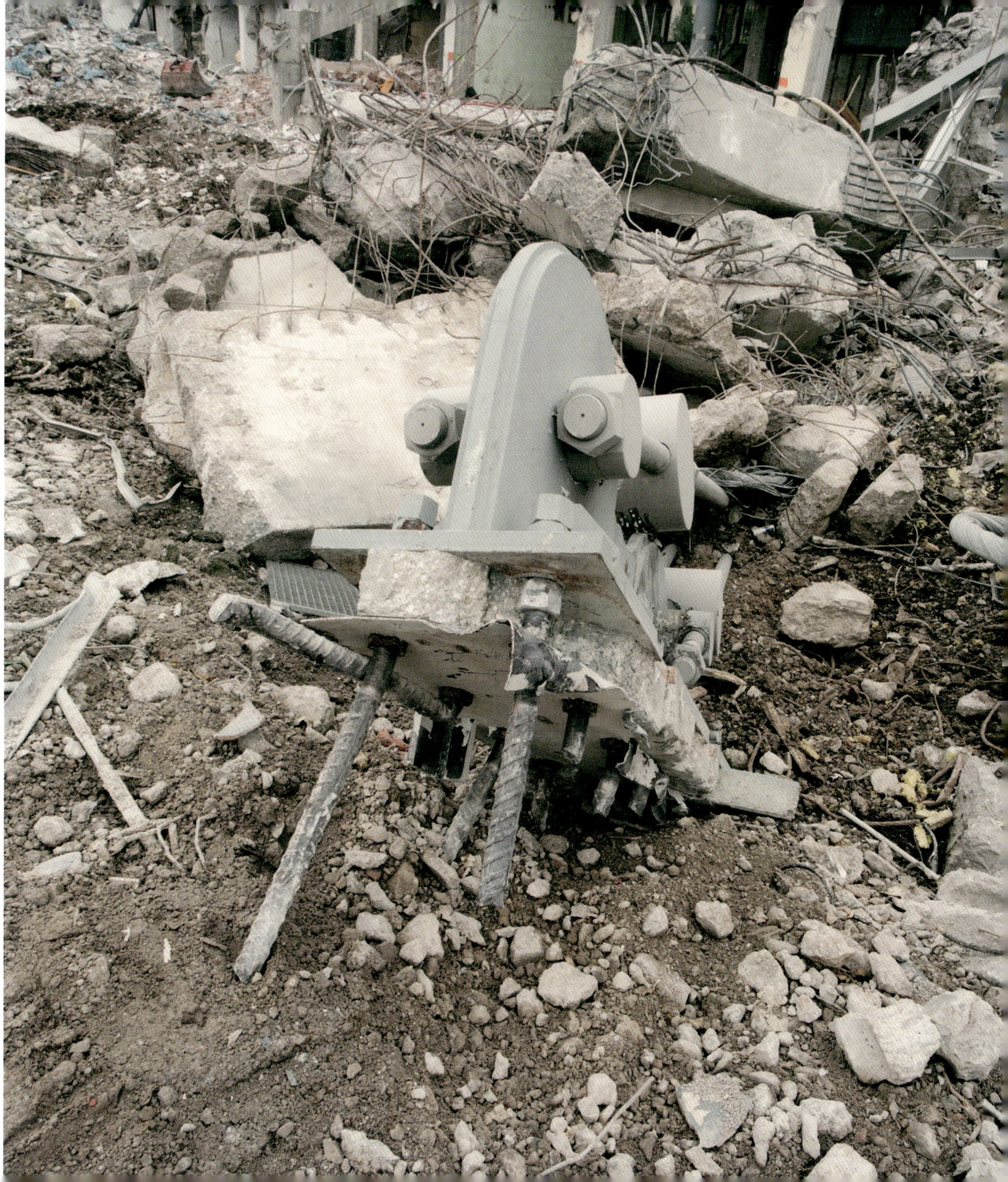

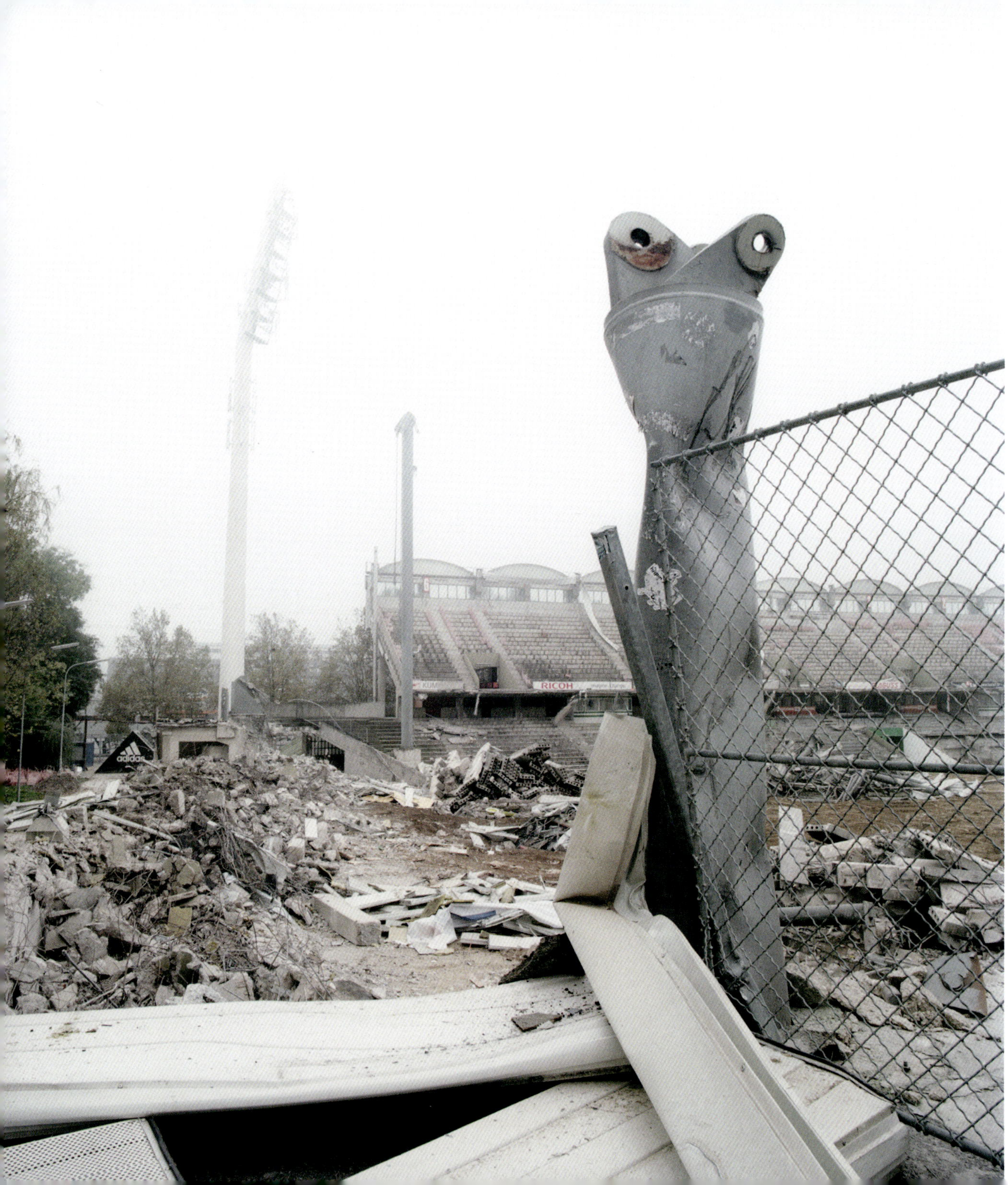
RICOH
adidas

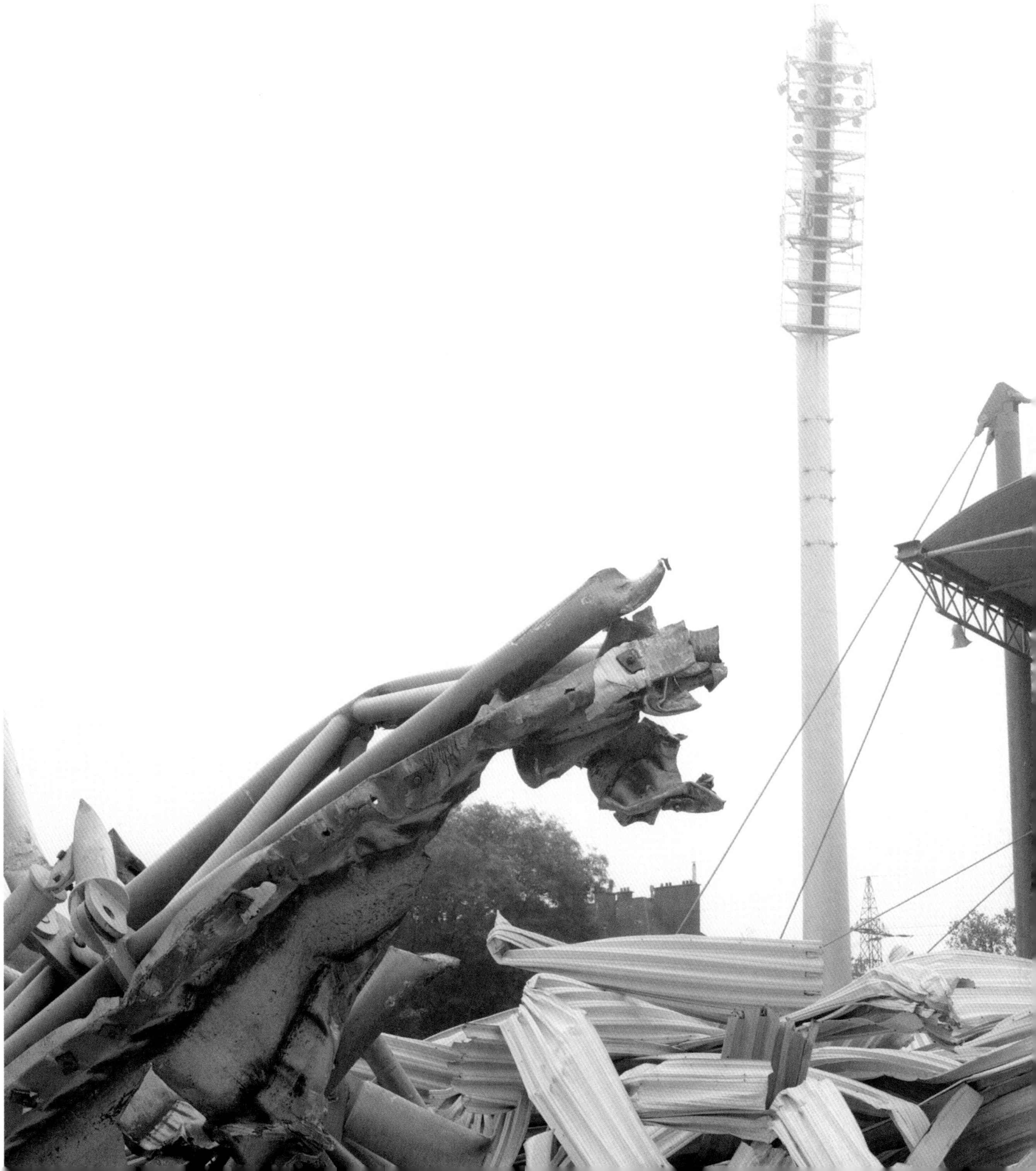

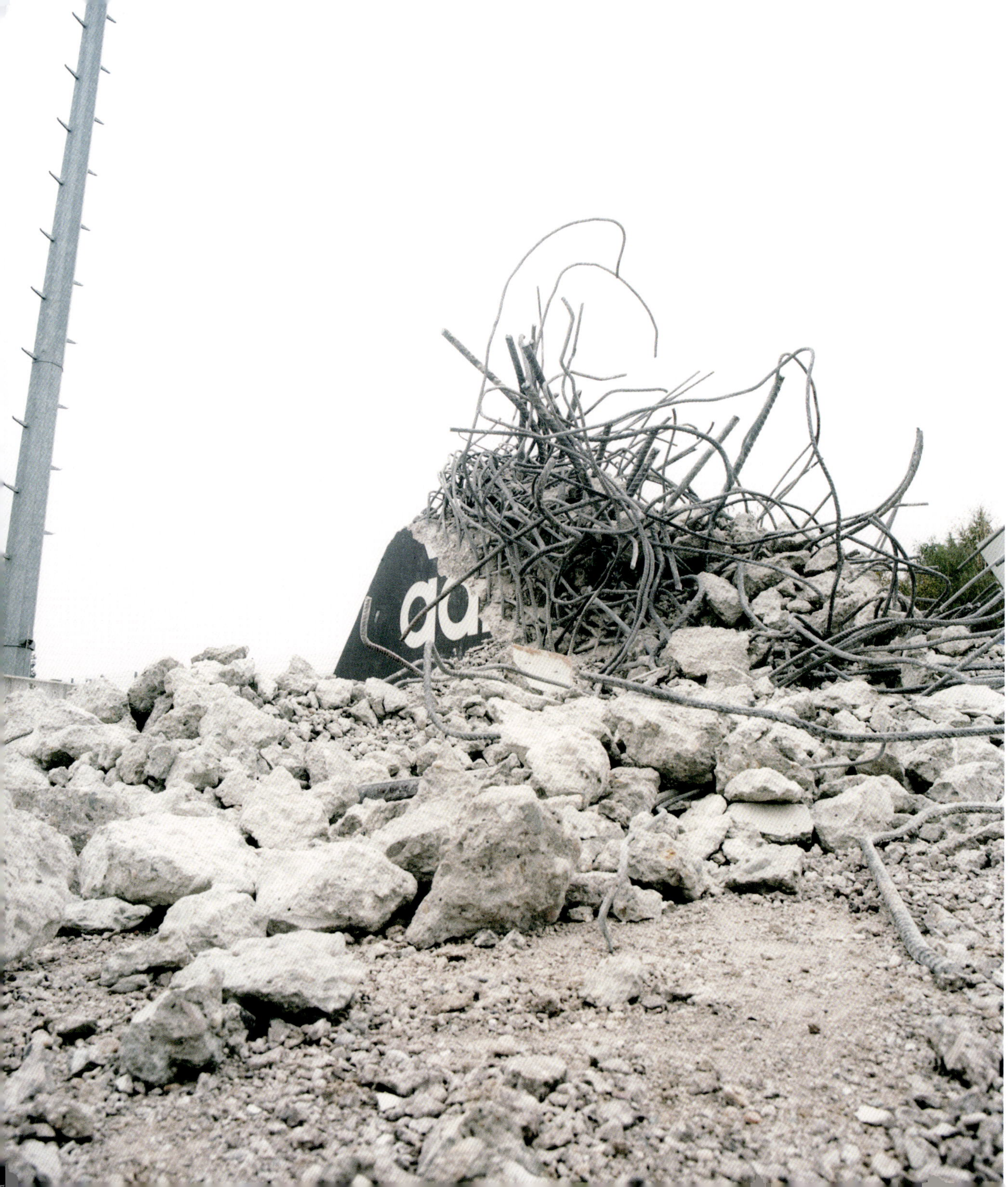

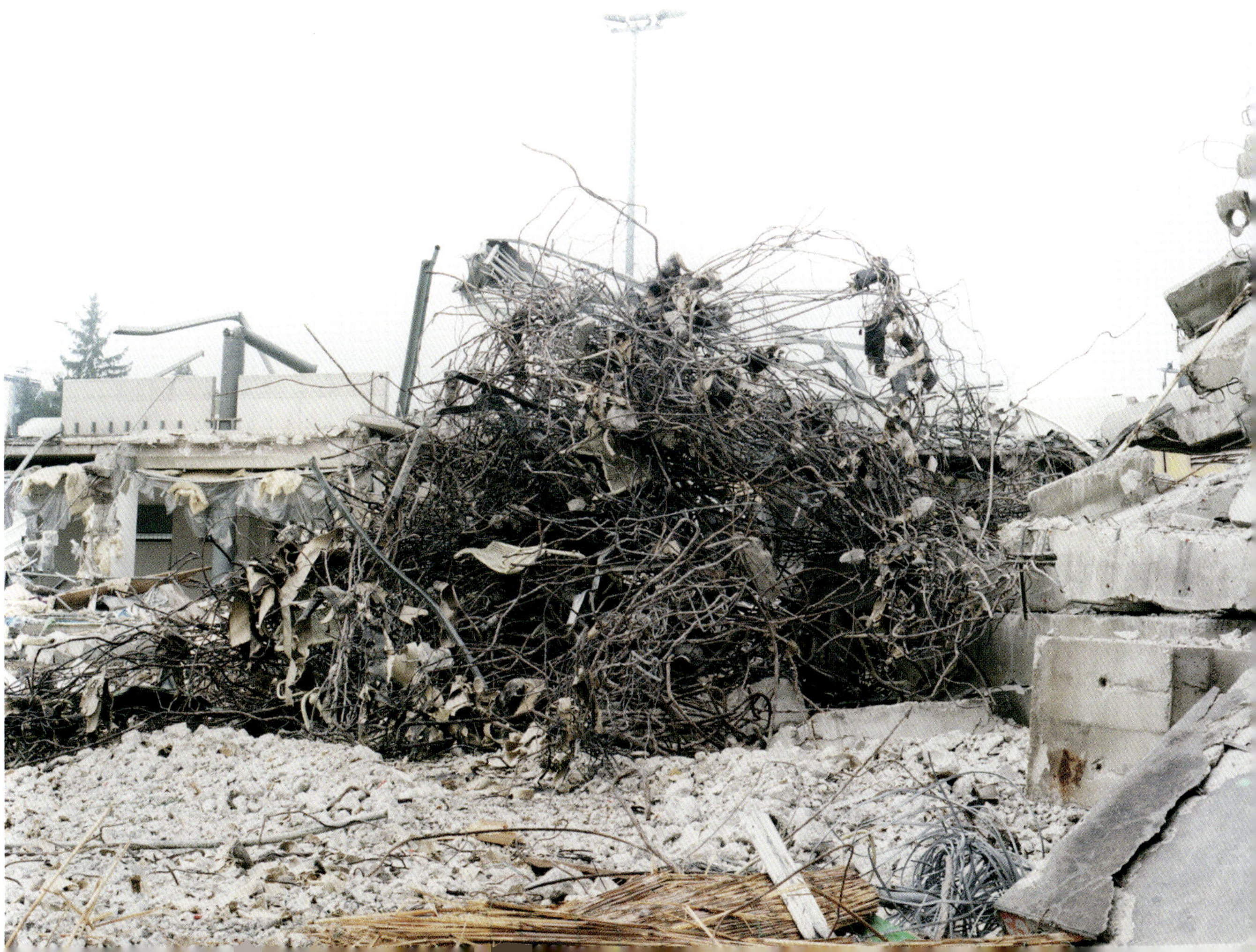

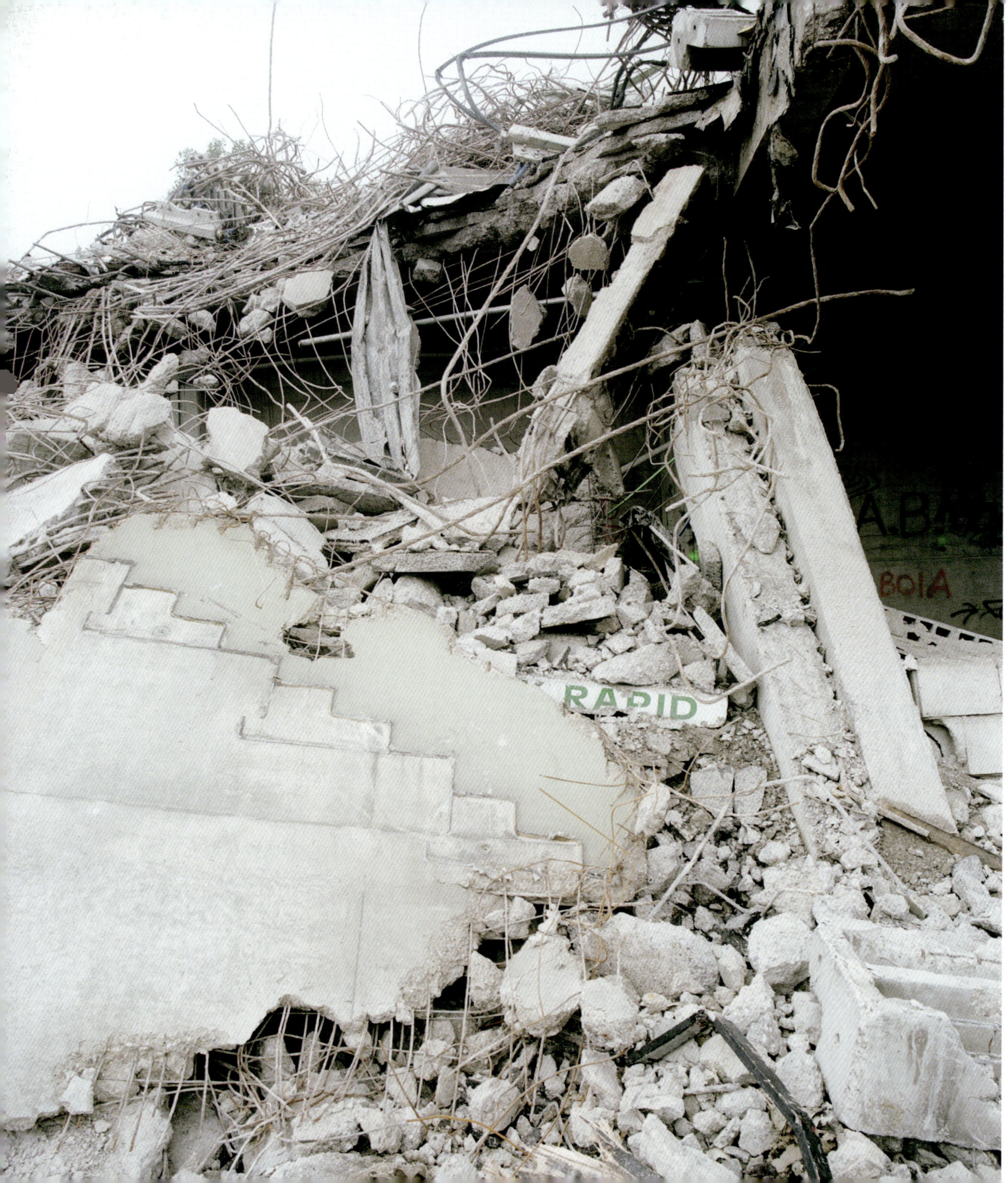
RAPID
BOIA

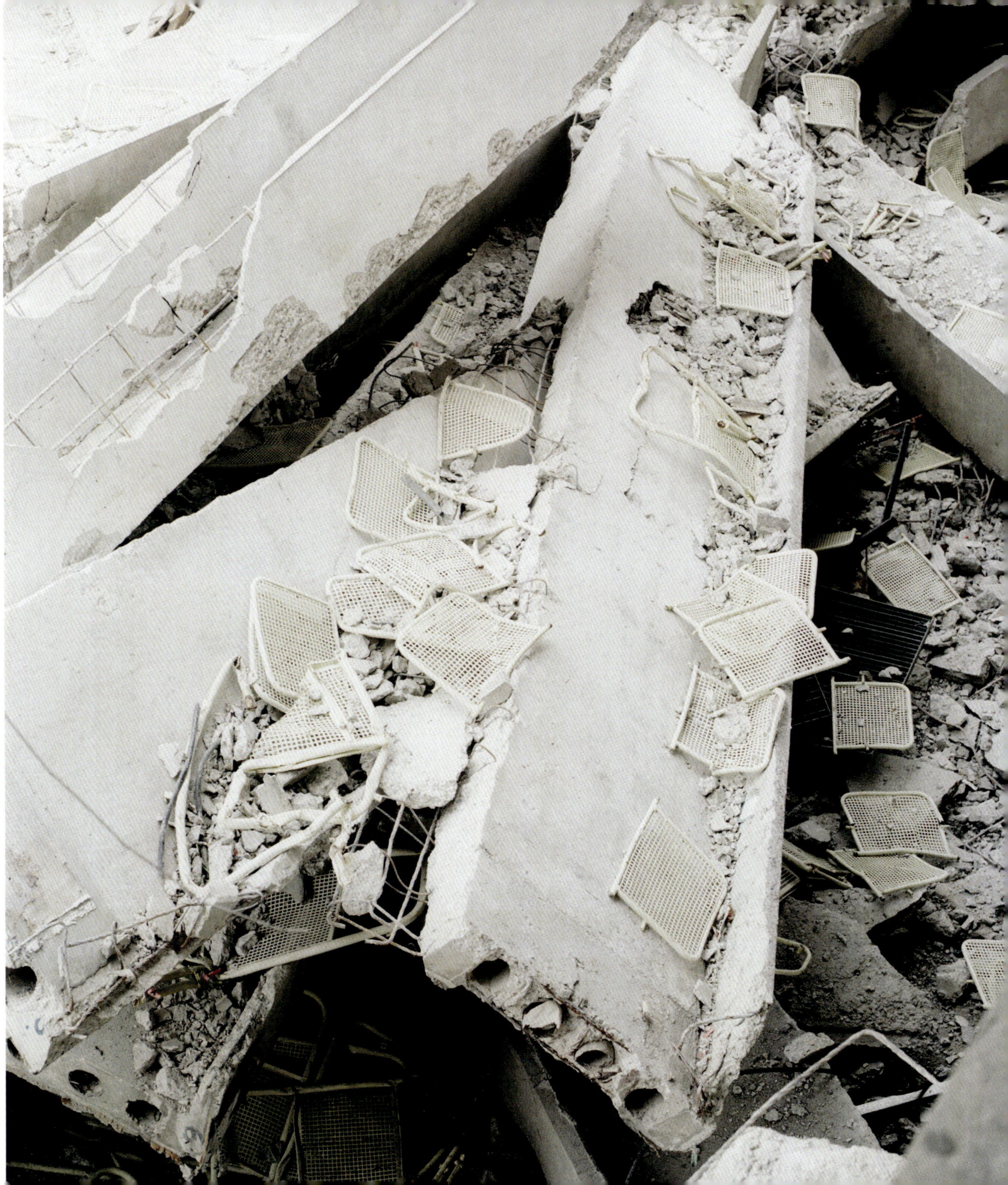

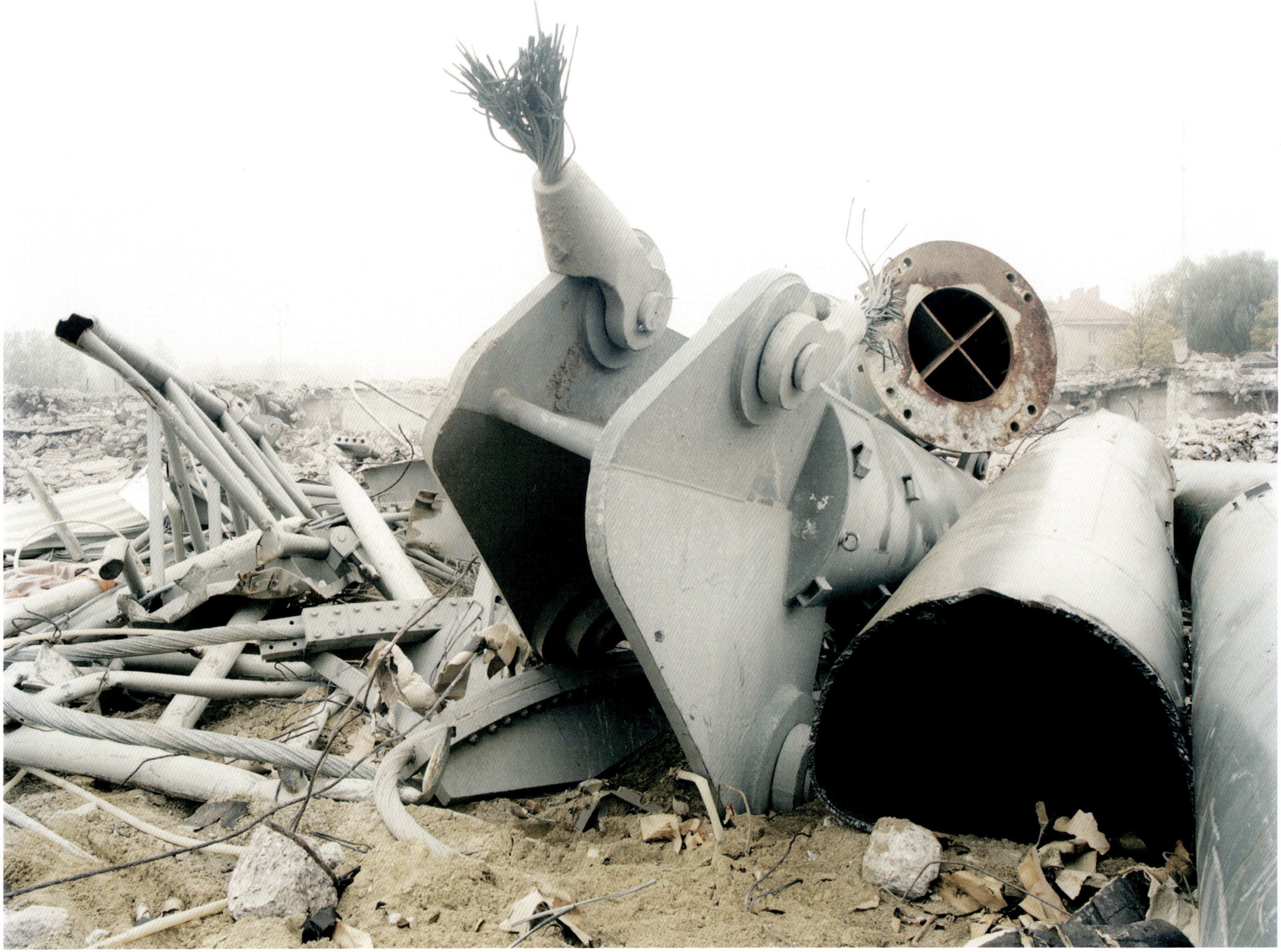

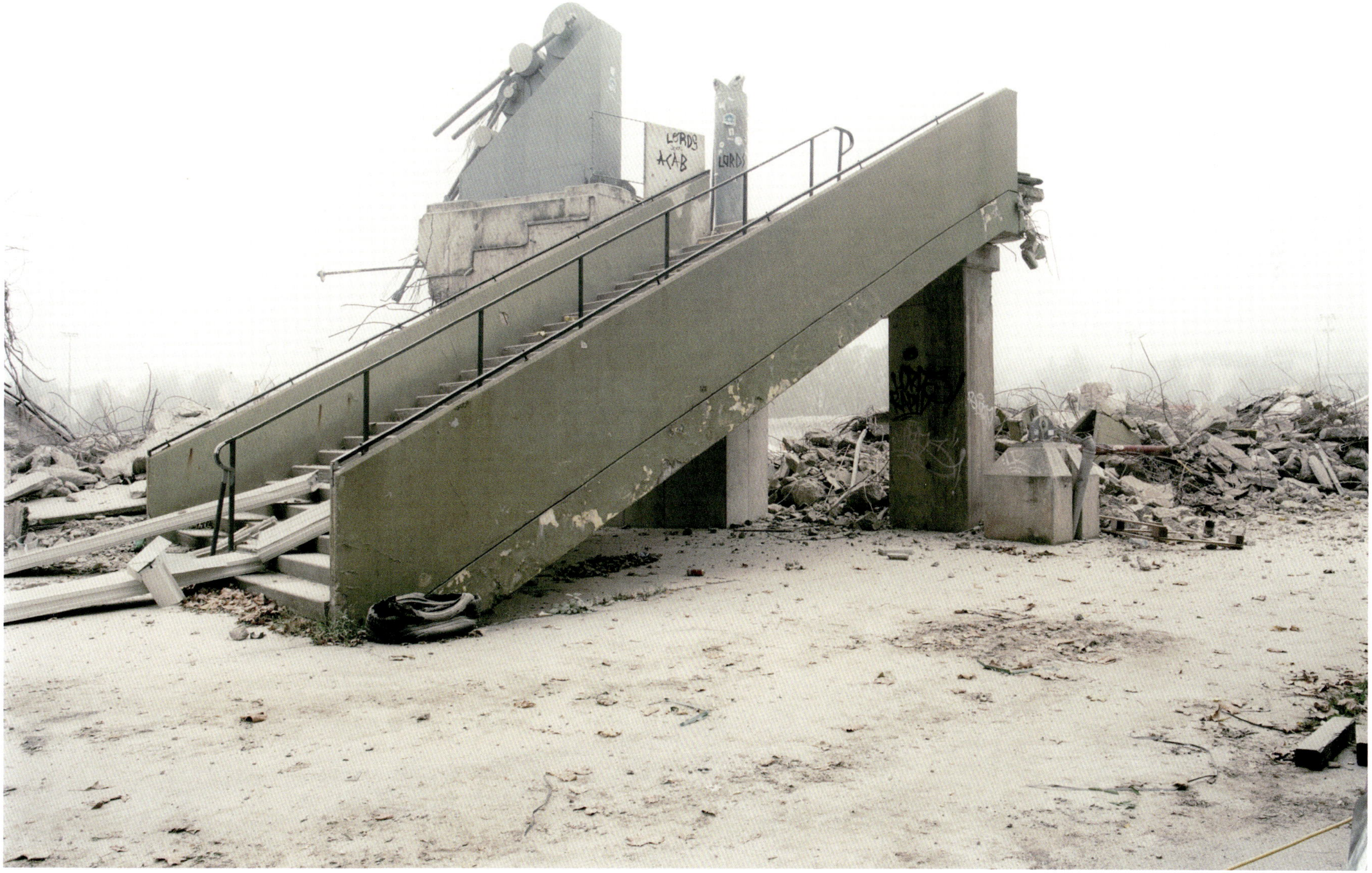
LORDS
ACAB
LORDS

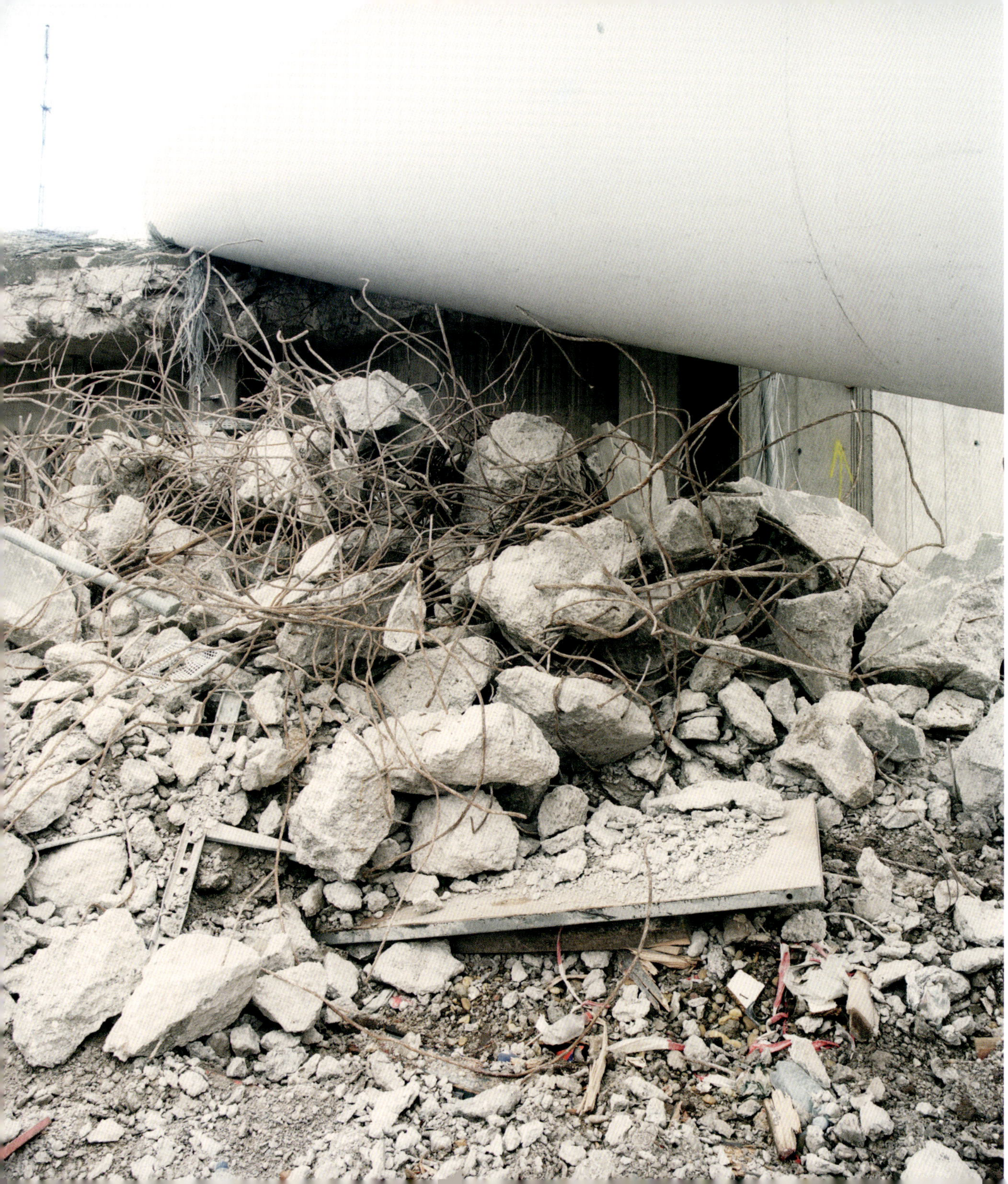

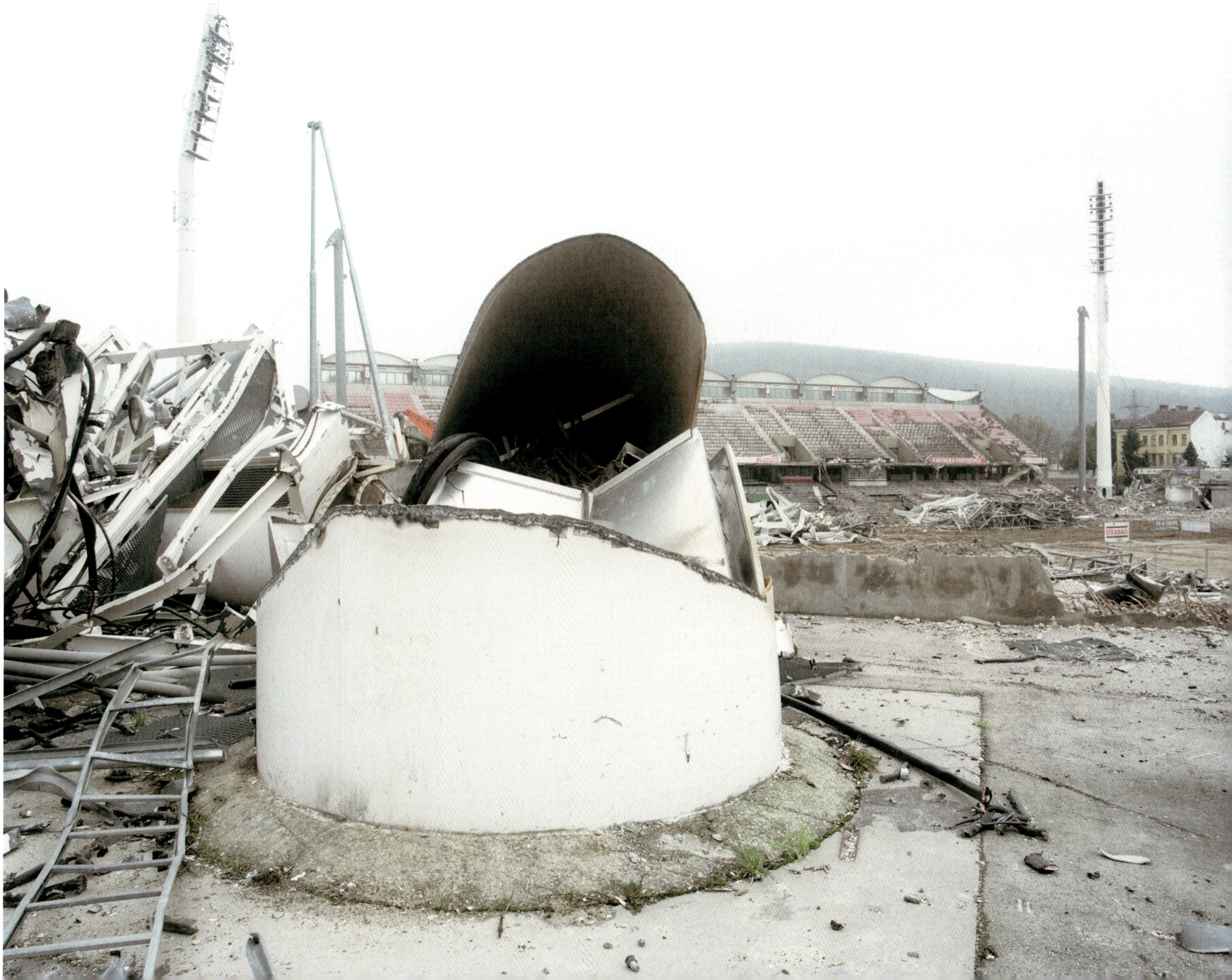

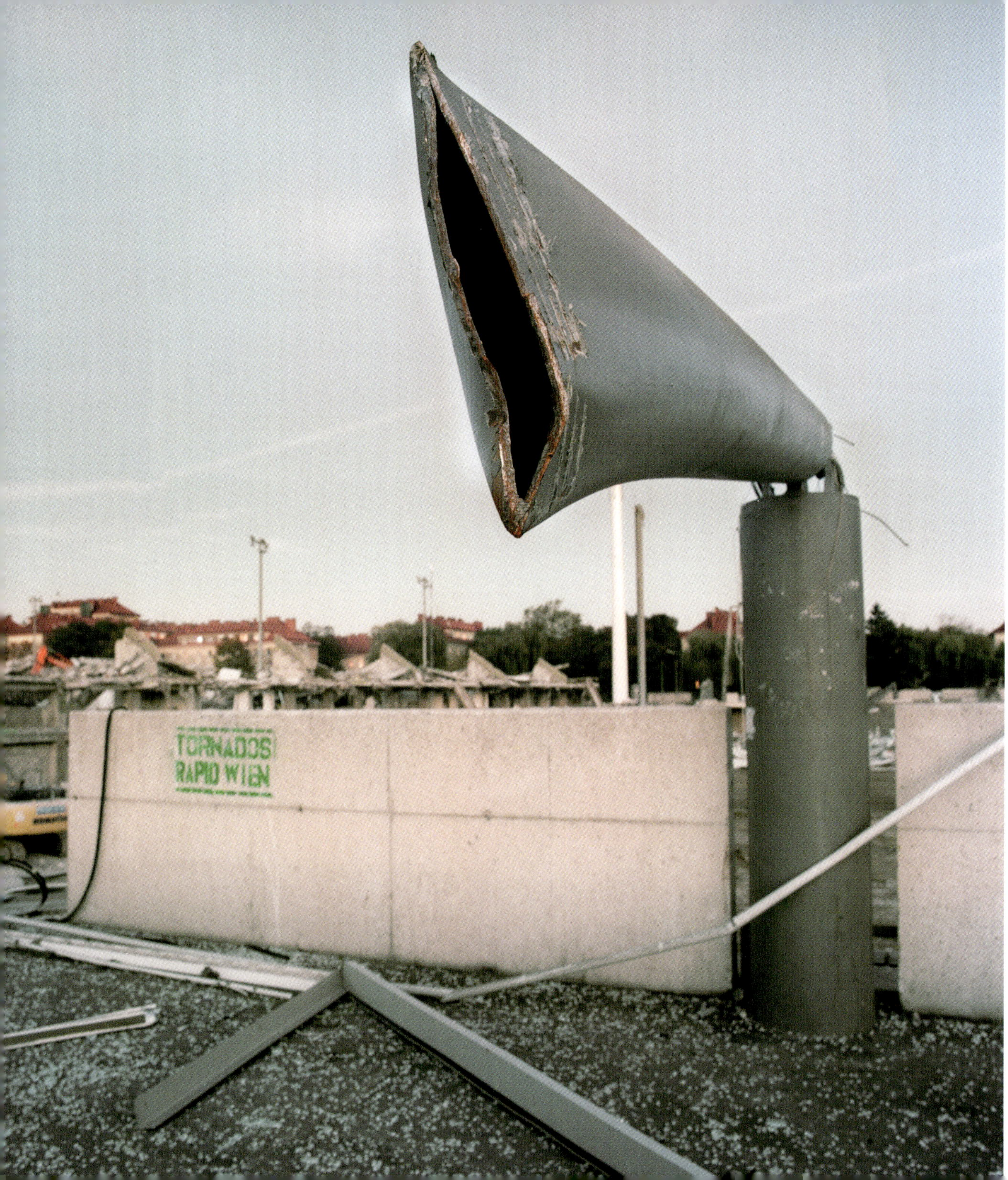
TORNADOS
RAPID WIEN

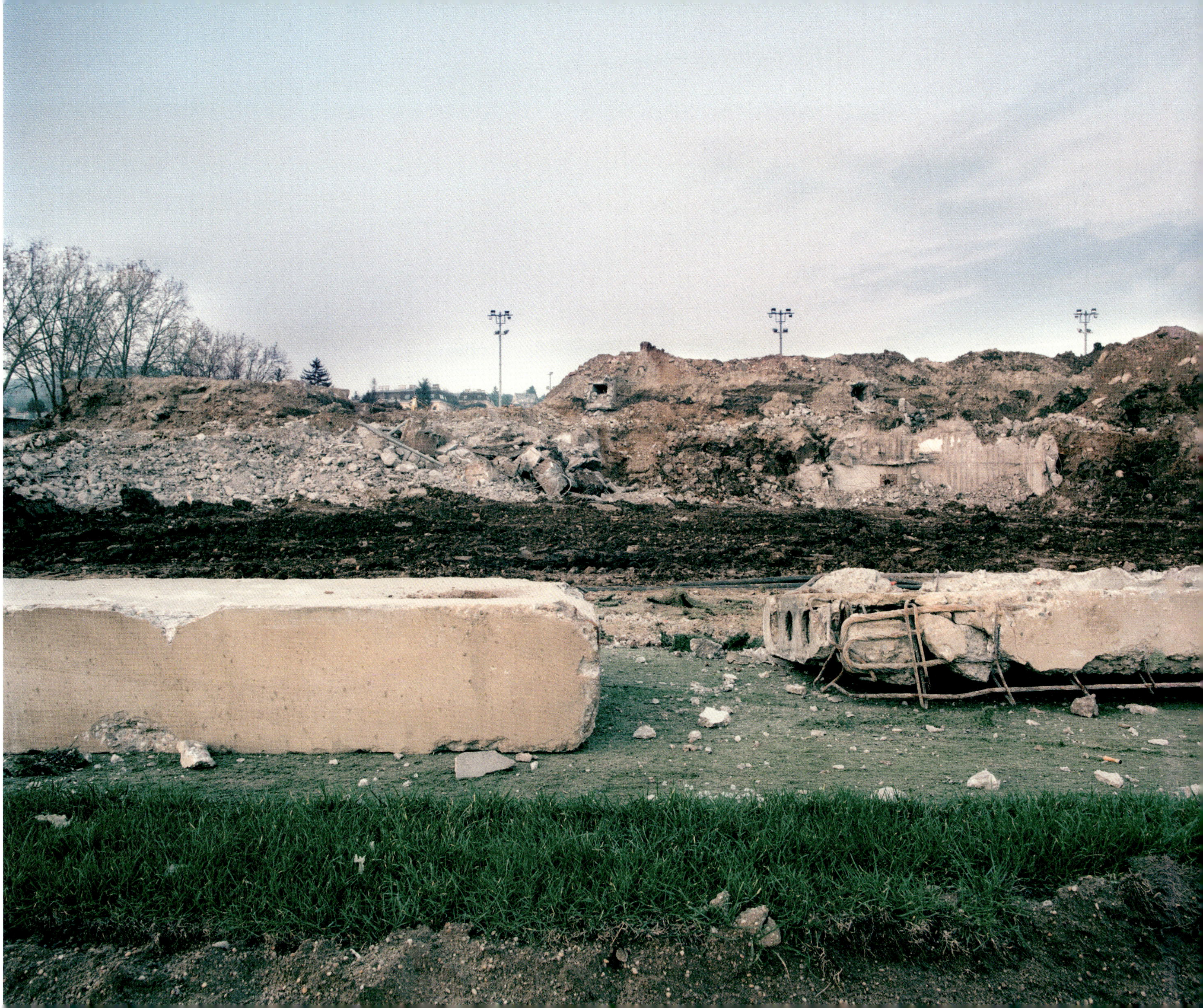

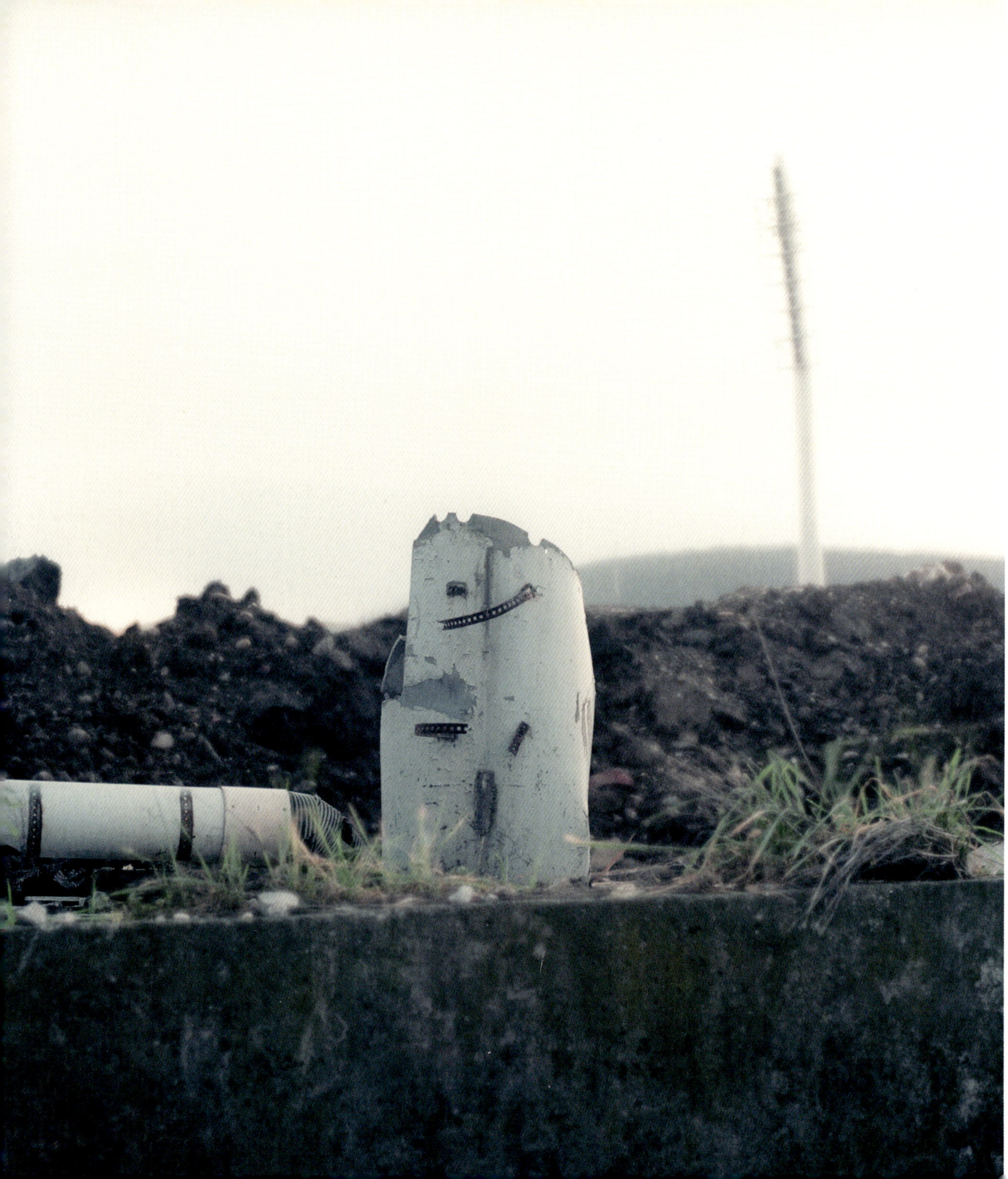

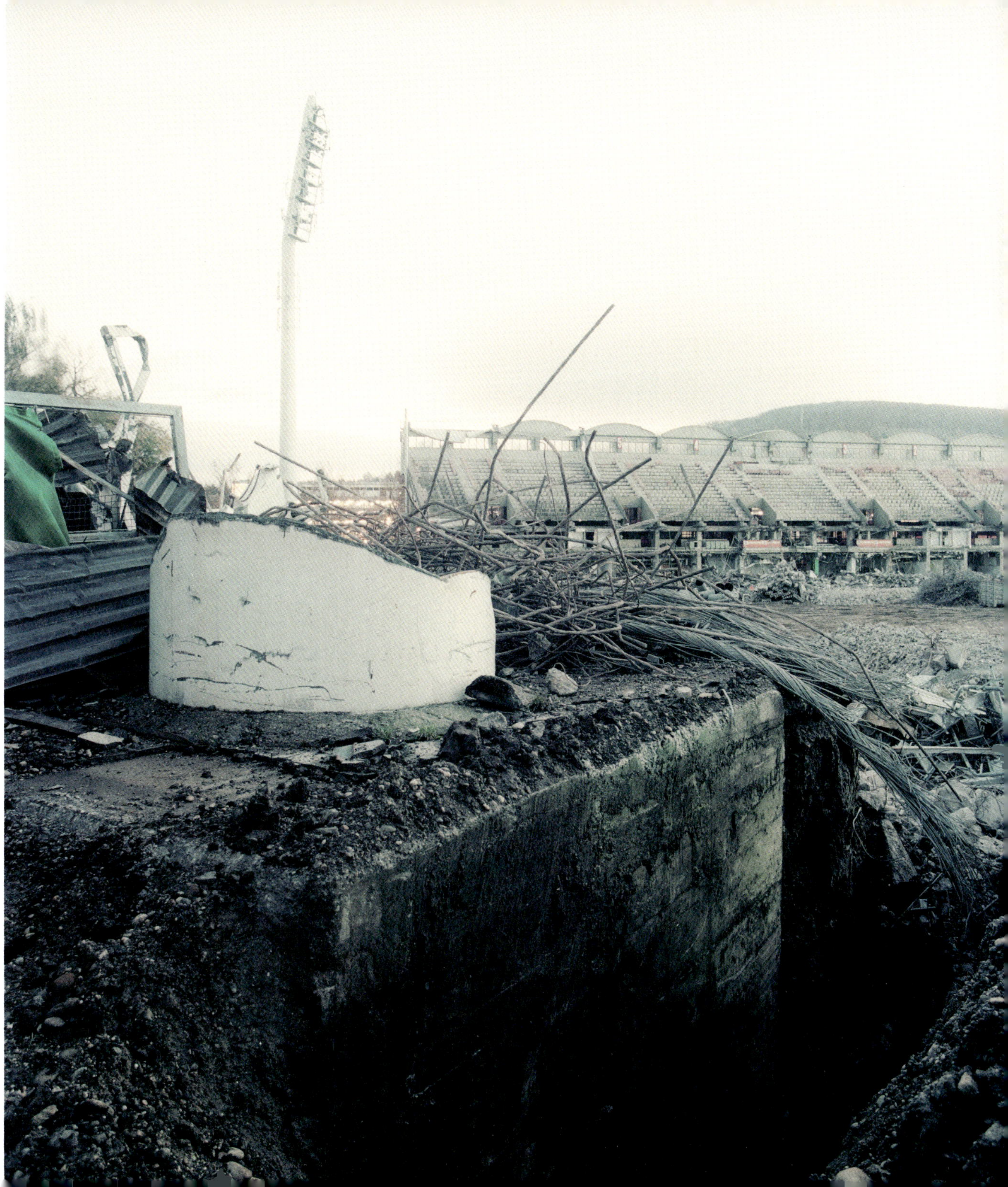

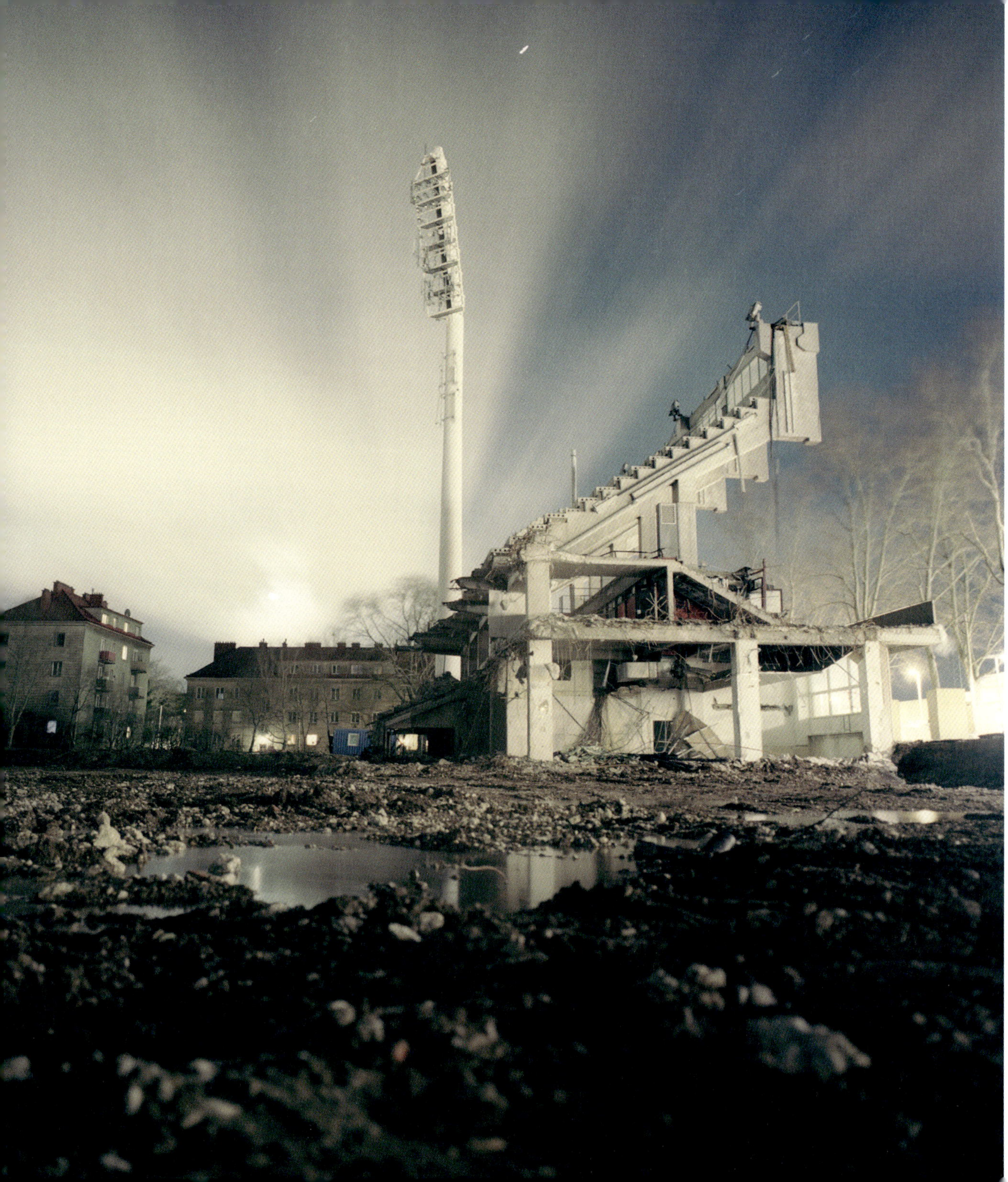

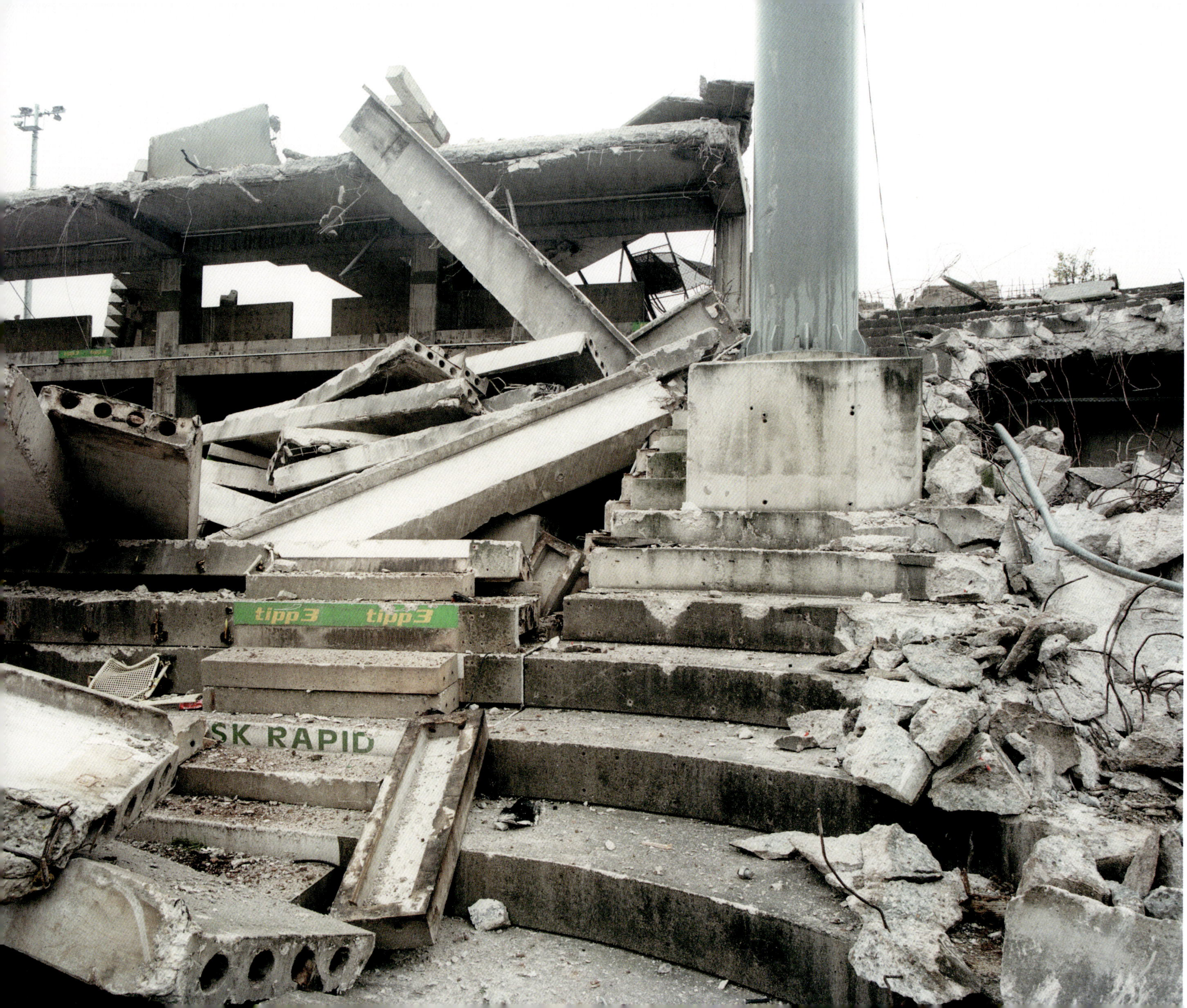
tipp3
tipp3
SK RAPID

Laurin Rosenberg
Pure Leidenschaft

1977 wurde das damalige Weststadion das erste Mal bespielt und zur neuen Heimat des SK Rapid Wien. Auf der Pfarrwiese, der vorhergehenden Heimstätte, gab es mit den sogenannten „Fahnenschwenkern" schon Fans, die optisch auf sich aufmerksam machten, aber sie waren nur lose organisiert. Mit großen, selbst genähten Fahnen unterstützten sie die Mannschaft. Das neue Stadion wurde für die Fahnenschwenker zur Zäsur: Aufgrund der langen Stangen waren die Fahnen bei den Heimspielen ab sofort verboten. Mit dem Umzug von der Pfarrwiese in die Keißlergasse wurden zwar nur einige hundert Meter zurückgelegt, doch das Weststadion wurde auch zum Geburtsort einer neuen Fangeneration.

Erkennungsmerkmal der nächsten Generation war die „Dackn", auch „Kutte" genannt: Eine an den Ärmeln abgeschnittene Jeansjacke, die mit verschiedenen Aufnähern versehen wurde. Diese konnten die Liebe zum Verein, die Zugehörigkeit zu einem Fanklub, oder auch die Verbundenheit mit ausländischen Klubs ausdrücken. Ein weiteres wichtiges Accessoire im Repertoire der Rapid-Fans wurde der Fanschal. Mit den „Grünen Teufeln" und den „Löwen" entstanden auch die ersten Fangruppen.

Die damalige, frühe Fangeneration wurde auch für eine gewisse Bereitschaft zur körperlichen Auseinandersetzung bekannt. Porträtiert wurde diese auch durch den ORF, in einer Dokumentation der späten 1970er-Jahre, die mittlerweile Kultstatus erlangt hat und auf YouTube oder im Rapid-Museum „Rapideum" gesehen werden kann. Die televisionäre Darstellung der Halbstarken aus Hütteldorf mag die eine oder andere Verzerrung mit sich bringen, doch sie präsentiert in jedem Fall die damalige Fanszene.

Im Laufe der 1980er-Jahre entstehen neue Formen der Jugendkultur. Im Stadion waren jetzt auch Fans in Trikots, Markenkleidung oder in Trainingsanzügen zu finden. Es entstanden neue Gruppen, wie der „Fanclub Speising", der „Stammtisch Grün-Weiß" oder die „Terrorszene". Zu einem großen Problem der 1980er- und frühen 1990er-Jahre wurde der Versuch von Rechtsaußen, die grün-weiße Fanszene politisch zu unterwandern. Unter anderen war Österreichs bekanntester Neonazi, Gottfried Küssel, regelmäßig auf der Westtribüne zu sehen. Im Unterschied zu anderen Vereinen wurde das Problem aber in erster Linie von innen bekämpft. Es kam zu einer Art Selbstreinigungsprozess und das neue Mantra der unpolitischen Kurve setzte sich durch. Daran waren nicht zuletzt auch die Ultras Rapid wesentlich beteiligt.

Die 1988 von fünf wagemutigen Fans gegründete Gruppe brachte erstmals den italienischen Supportstil nach Wien. Dessen Credo lautet: Das gesamte Spiel über muss das Team unterstützt und nach vorne gepeitscht werden. Als Hilfsmittel dafür dienen unter anderem Vorsänger (mit Megafon oder Mikrofon), Choreografien und Pyrotechnik. Nach Anfangsschwierigkeiten wurden die Ultras zum größten und Ton angebenden Fanklub des Block West, der sich seine Akzeptanz schwer erarbeitet hatte. Mit dem Aufschwung der Ultras fanden auch immer mehr Fans ihren Weg nach Hütteldorf: Ab 2003 war der Block West mit Dauerkarten ausverkauft, die Rapid-Fans zählen auch abseits der österreichischen Fußballplätze zu den lautesten und supportfreudigsten Europas. Neben den Ultras Rapid waren weitere Ultra-orientierte Gruppen wie die „Tornados", die „Lions" oder 2005 schließlich die „Lords" entstanden. Diese wollten den Support zu Beginn auf die Nordtribüne bringen, da die West ja schon ausverkauft war. Nach einigen Schwierigkeiten wechselten sie auf die Osttribüne und machten diese zur Ostkurve. Damit verfügte Rapid bis zum Abriss des Hanappi-Stadions über zwei sich gegenüberliegende organisierte Fanblöcke. Die 10-Jahres-Choreographie der Lords wurde gleichzeitig zur Abschiedschoreographie der Ostkurve.

Und hier komme ich ins Spiel. Ich bin zwar seit Kindheitstagen Rapid-Fan, aber wirklich intensiv wurde es erst mit der Saison 2009/2010. Bis dahin war ich zwar immer Sympathisant, setzte aber andere Prioritäten. Dennoch verbinde ich mit meiner gesamten Oberstufenzeit Rapid. Ich bin ursprünglich in Purkersdorf aufgewachsen, aber 2003 nach Wien gezogen. Die Schule besuchte ich aber weiterhin in Purkersdorf, schließlich war ich dort verwurzelt. Ich war bei der Freiwilligen Feuerwehr, vor Ort politisch aktiv und der Großteil meiner FreundInnen lebte hier. Also pendelte ich jeden Tag von Ottakring nach Purkersdorf und jeden Tag sah ich die vier Flutlichtmasten in Hütteldorf. Als sich mein Lebensmittelpunkt mehr und mehr nach Wien verlagerte und ich mich auch wesentlich stärker mit Wien zu identifizieren begann, bedeuteten diese Masten vor allem eines: den Beginn von Wien. Gerade am Heimweg nach der Schule hatte ihr Anblick also immer etwas Positives.

Rund um das Jahr 2008 fing ich an, mich wieder stärker mit Fußball und insbesondere Rapid zu beschäftigen und kaufte mir bald mein erstes eigenes Trikot. Es war das rot-blaue Auswärtstrikot der Meistersaison mit der Nummer 14 des gerade nach Frankfurt entschwundenen Ümit Korkmaz. Zu diesem Zeitpunkt ahnte ich natürlich nicht, dass ich später einmal das Original dieses Trikots im Rapideum sehen und die Geschichte Rapids als Klub von zugewanderten Arbeitern erfahren würde. Noch weniger ahnte ich, dass ich selbst einmal für das Rapideum arbeiten werde.

Im Sommer 2009 organisierte ich mir auch mein erstes Abo auf der Osttribüne. Der Dauersupport hatte es mir angetan. Gleich im ersten Jahr gab es dann mit der Europacuppartie gegen Aston Villa und dem Tor nach 16 Sekunden von Nikica Jelavić ein erstes Highlight und ich blieb der Ostkurve bis zum Ende des Hanappi-Stadions treu. Dort habe ich auch das letzte Meisterschaftsspiel gegen Wacker Innsbruck erlebt. Hin und wieder verschlug es mich allerdings auch auf andere Tribünen. So war ich etwa beim legendären Heimspiel gegen PAOK Saloniki im Block West. Auch das allerletzte Spiel der Kampfmannschaft des SK Rapid in St. Hanappi verfolgte ich vom Block West aus. Das Match gegen Celtic Glasgow war dabei eigentlich nebensächlich. Rund um das Spiel gab es einige Programmpunkte, wie Nachwuchs- und Legendenspiele. Unvergesslich wird der Abschied aber vor allem aufgrund der unglaublichen Choreografien, des gemeinsamen Singens der alten Rapid-Hymne und dem in Ostkurve und Block West entzündeten Lichtermeer bleiben. Ein letztes Mal wurde gezeigt was in diesem Stadion steckt: pure Leidenschaft.

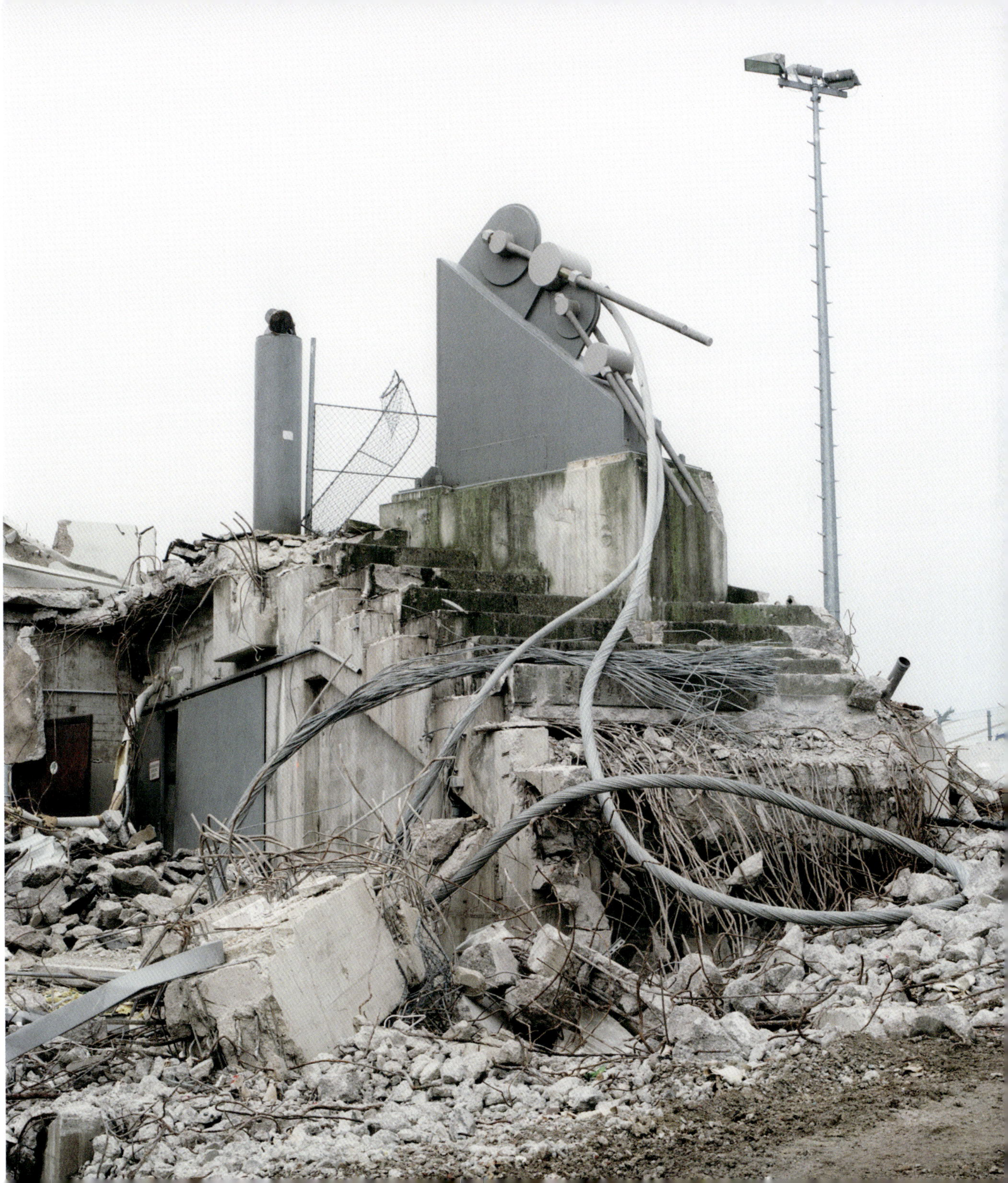

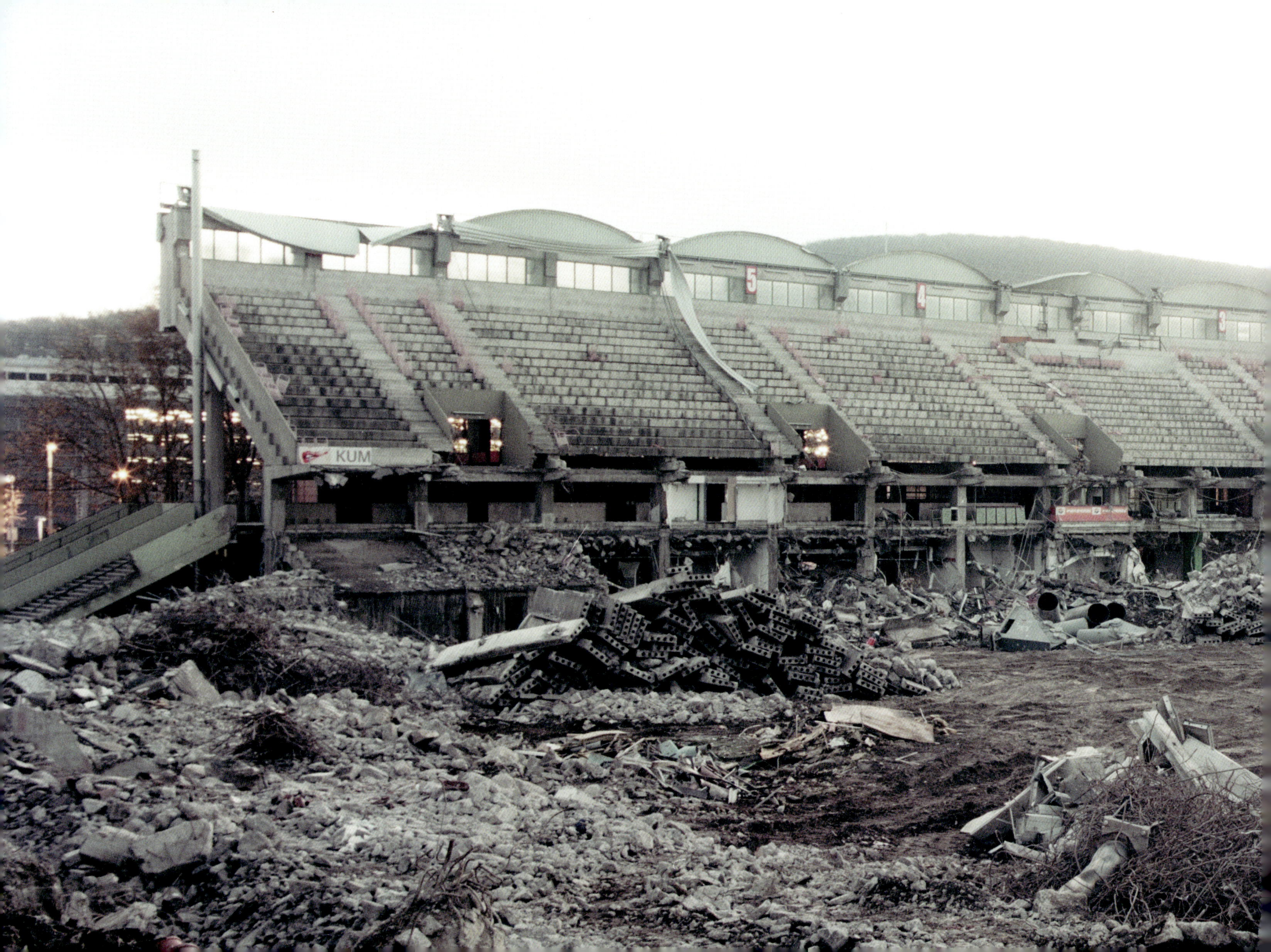
KUM
5
4
3

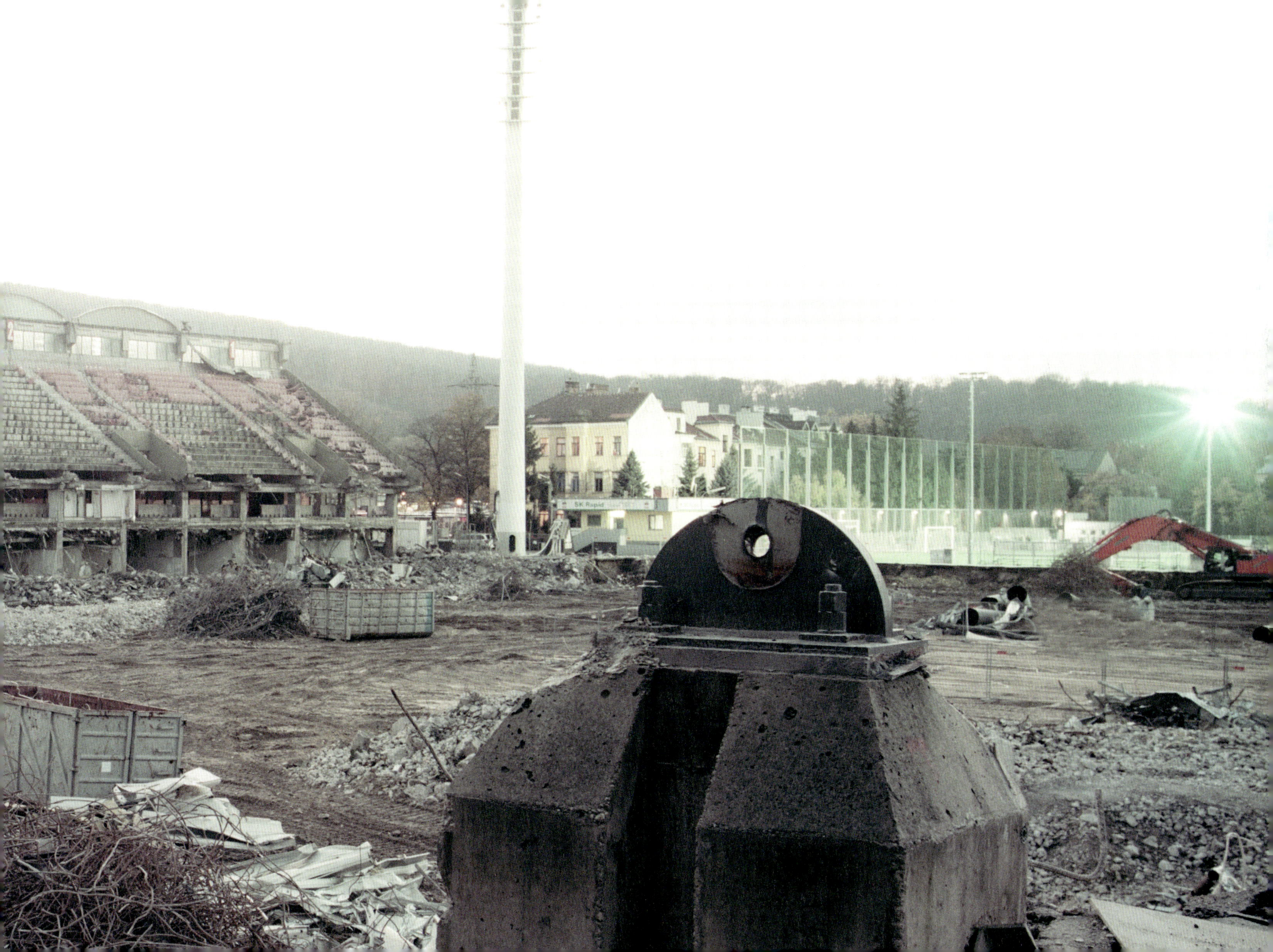
SK Rapid

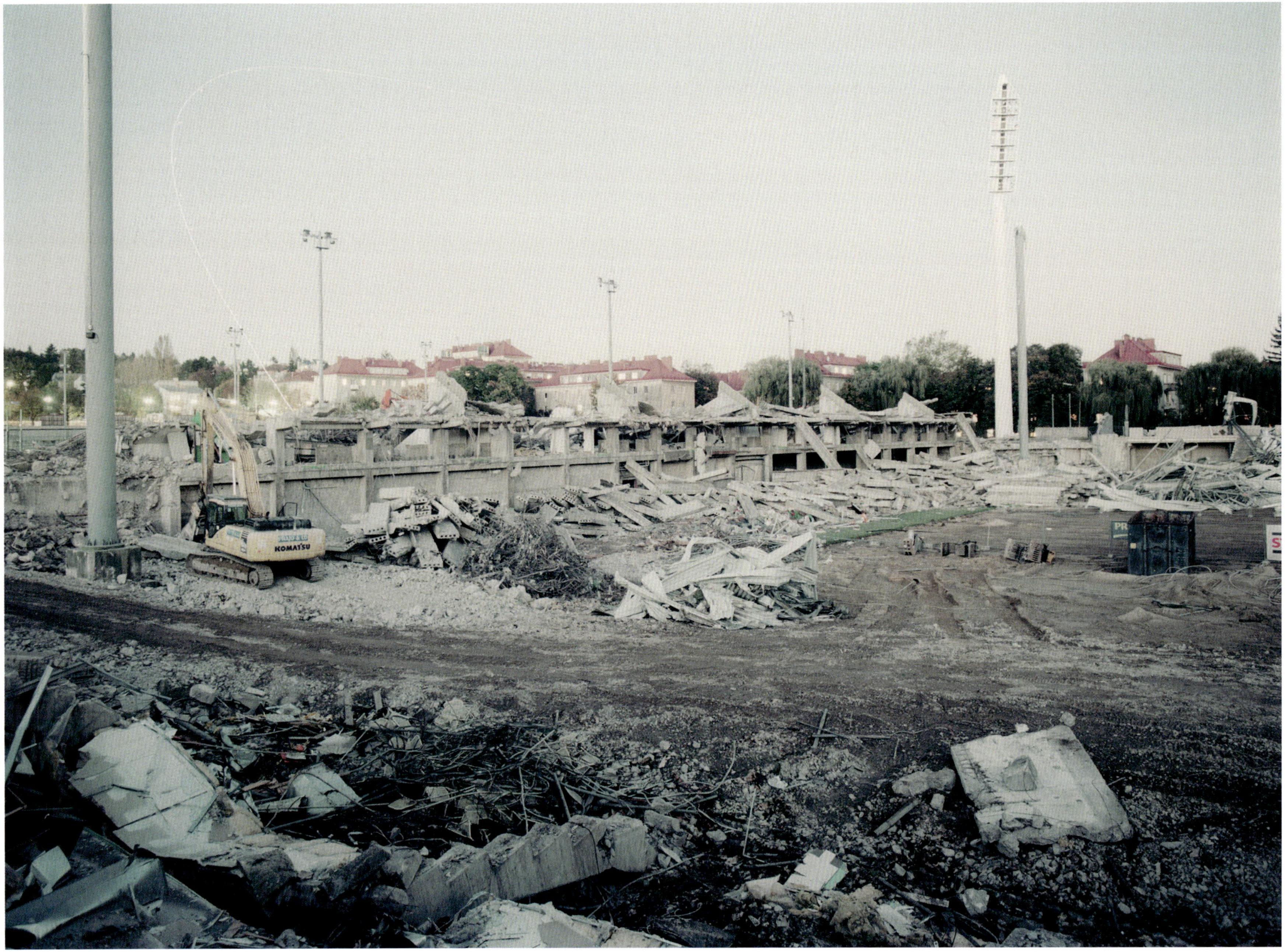
KOMATSU

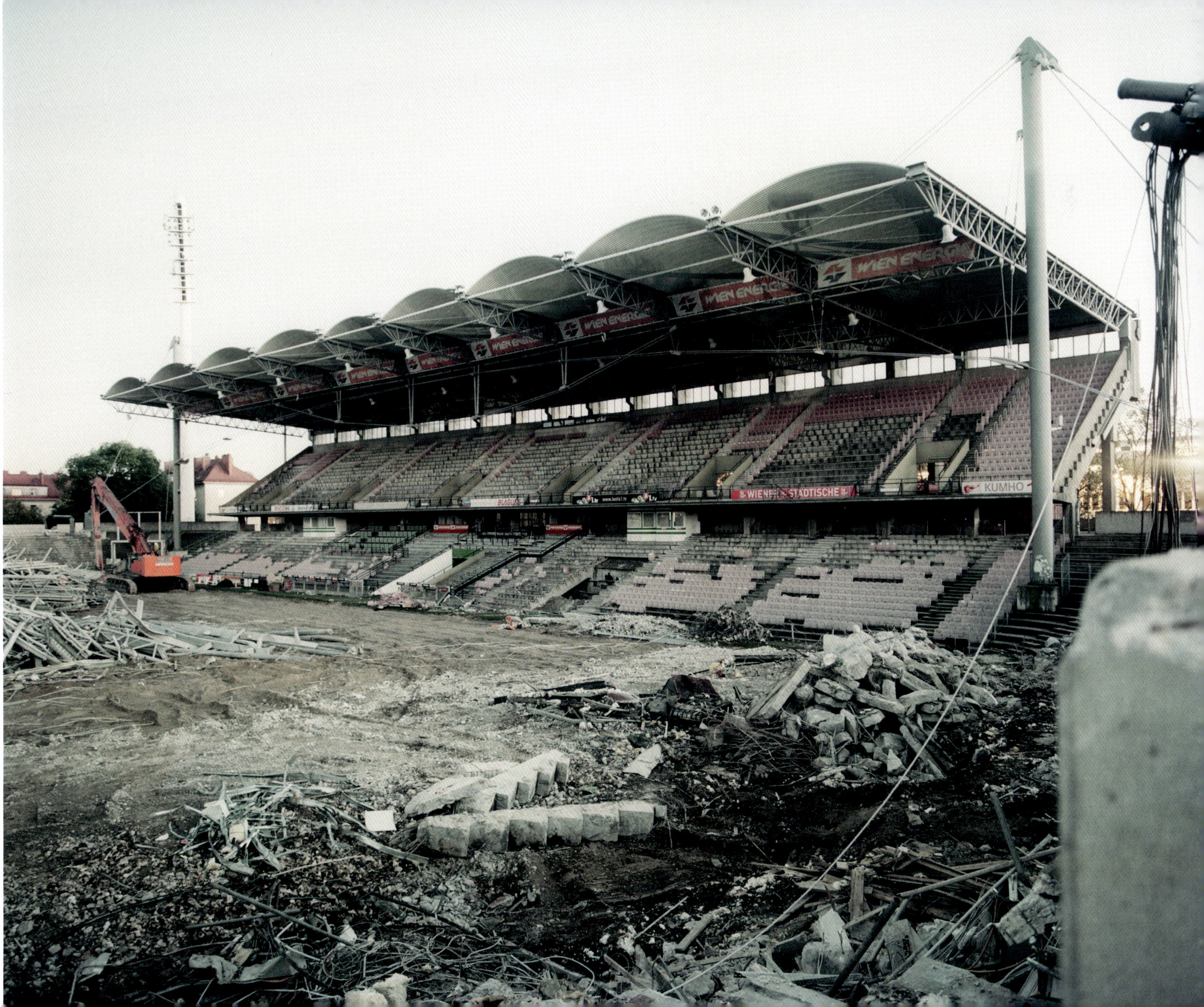
KUMHO

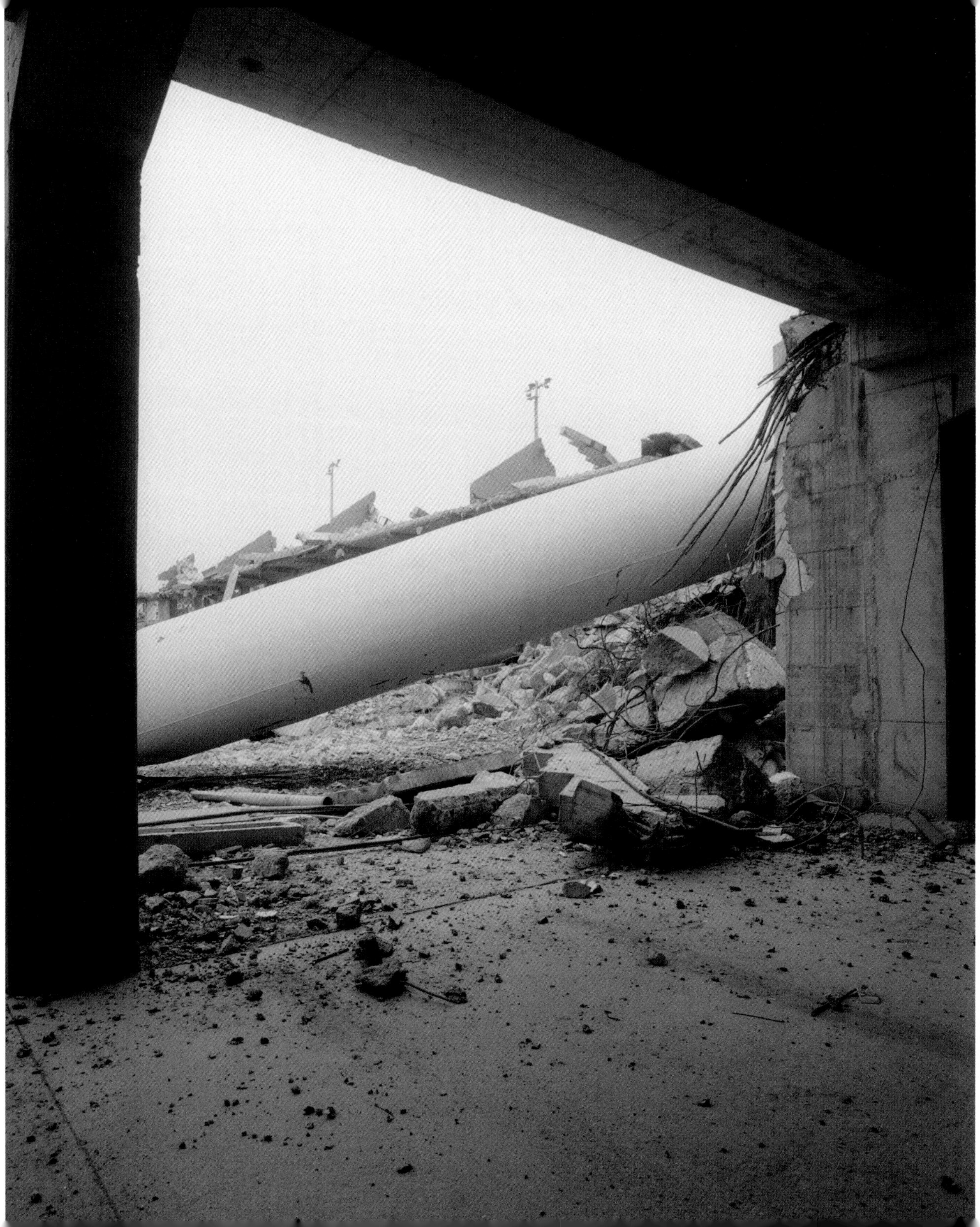

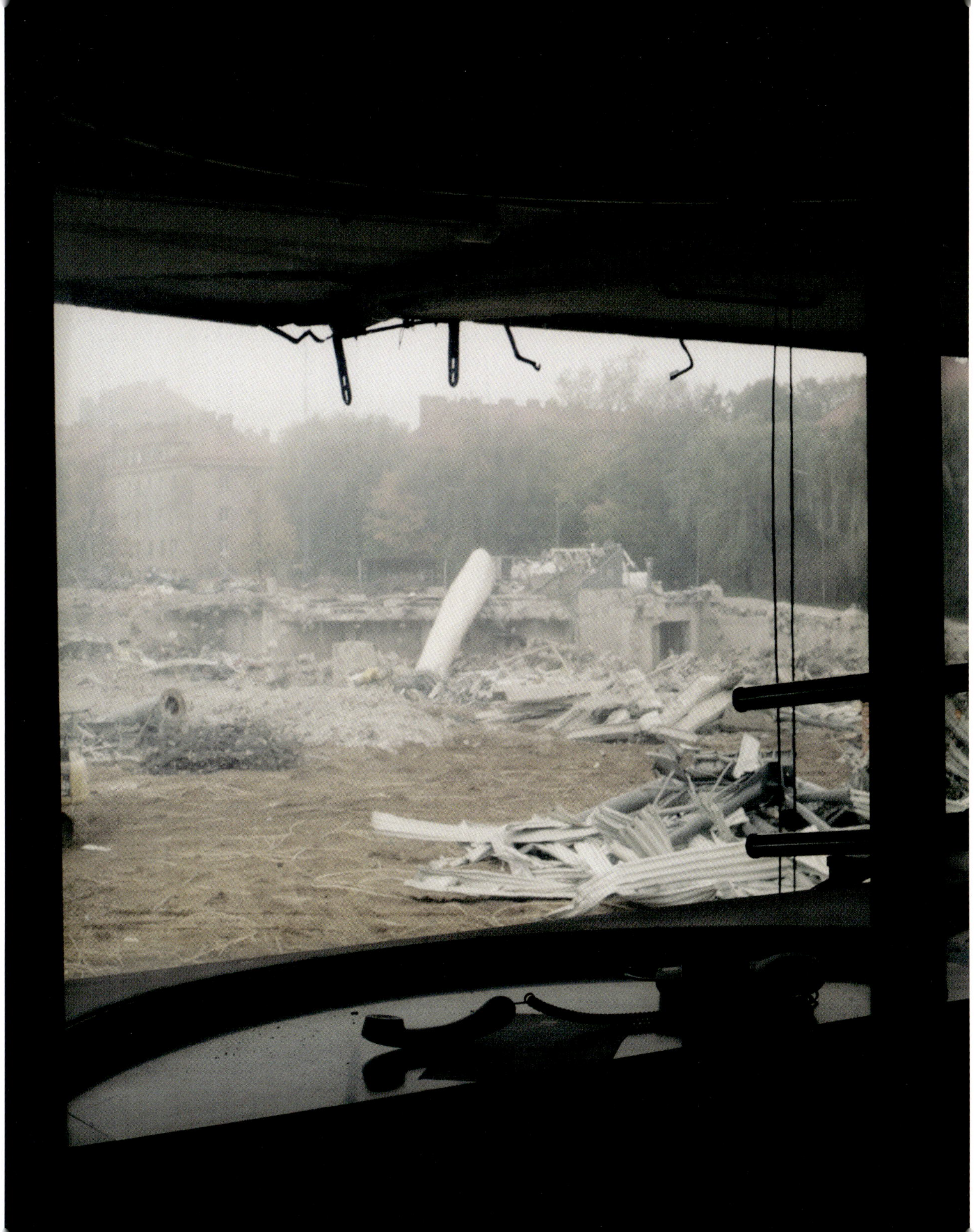

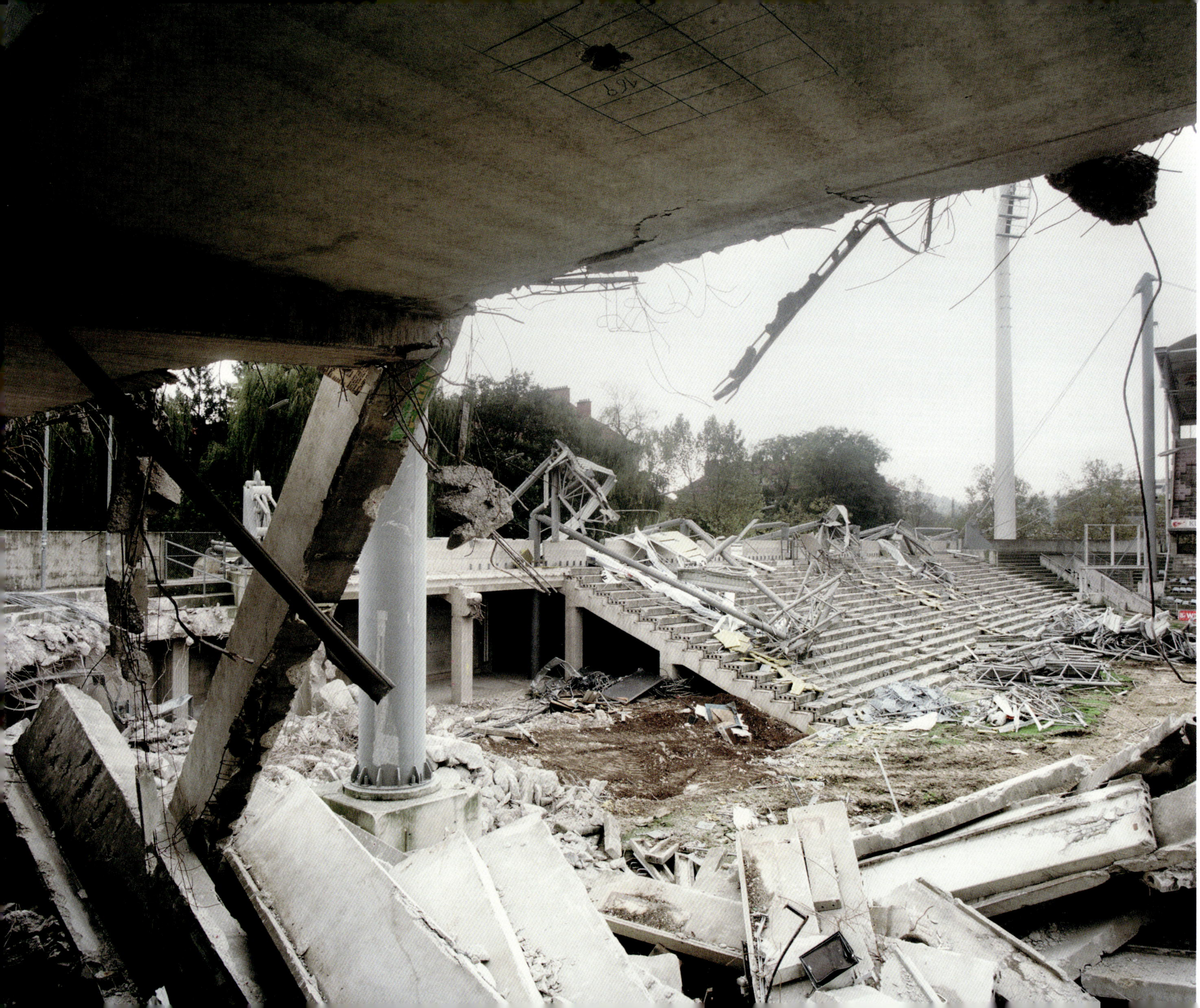

OSTtribüne
OSTtribüne
Gästefans
Gästefans
Gästefans
Gästefans

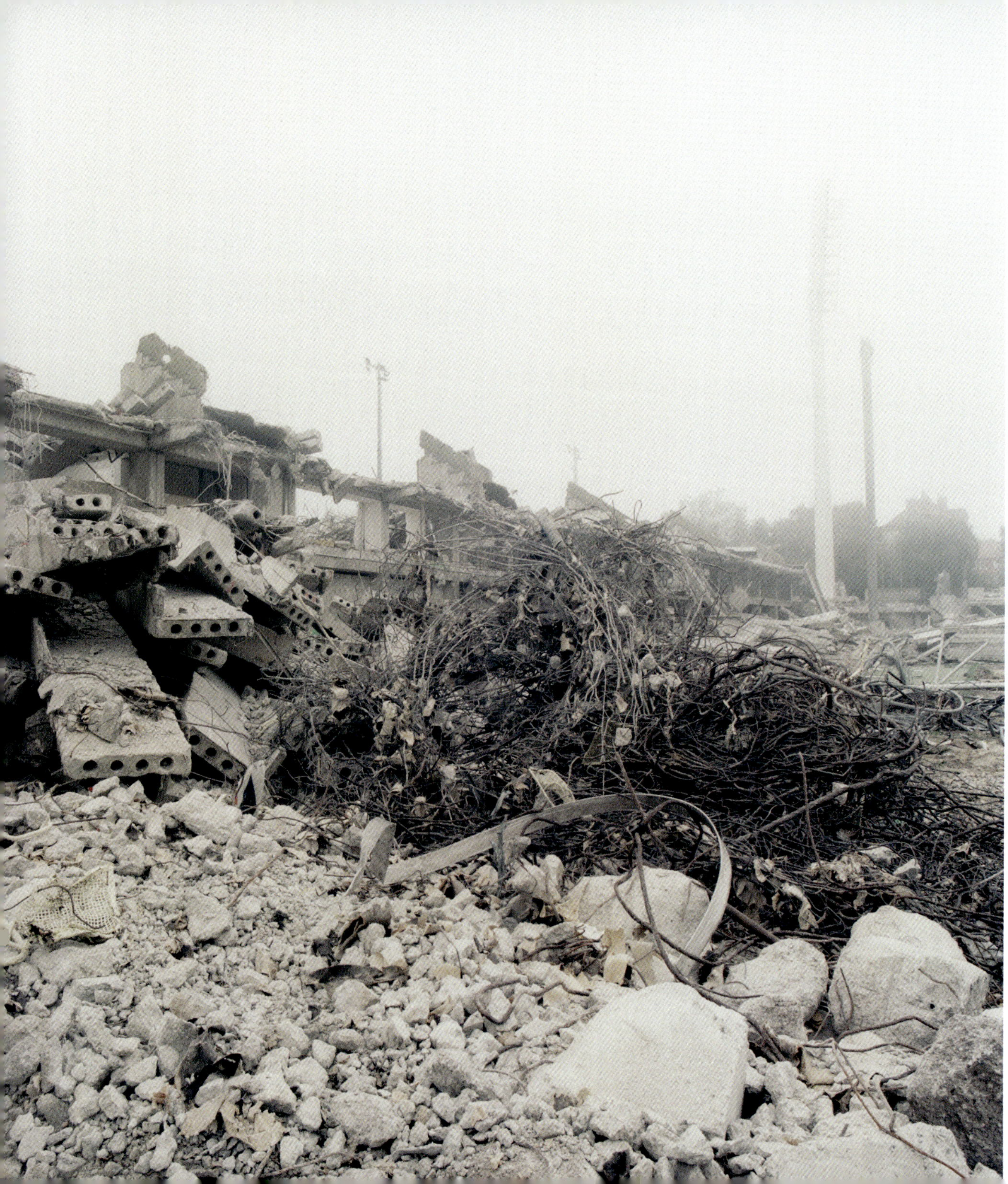

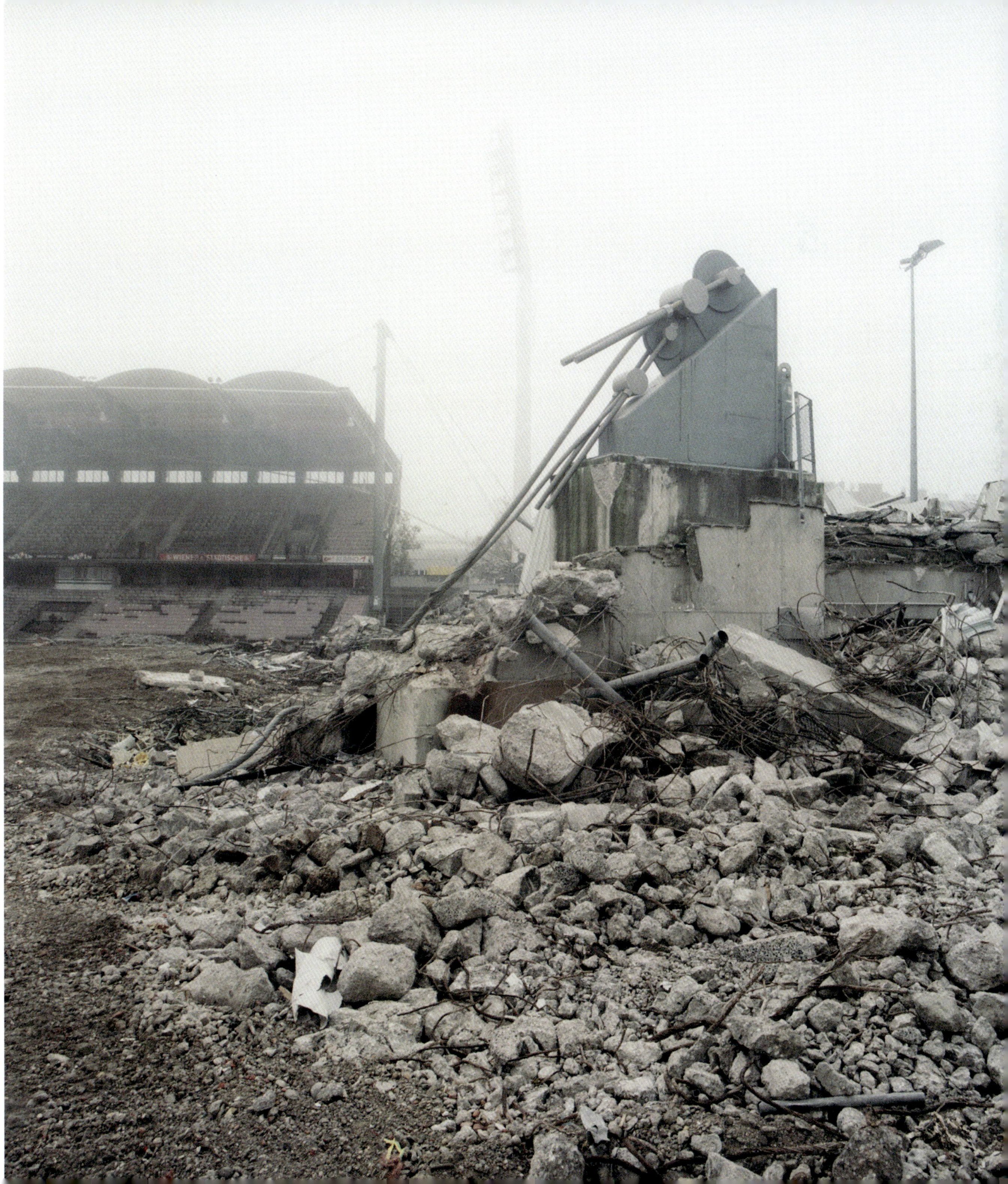

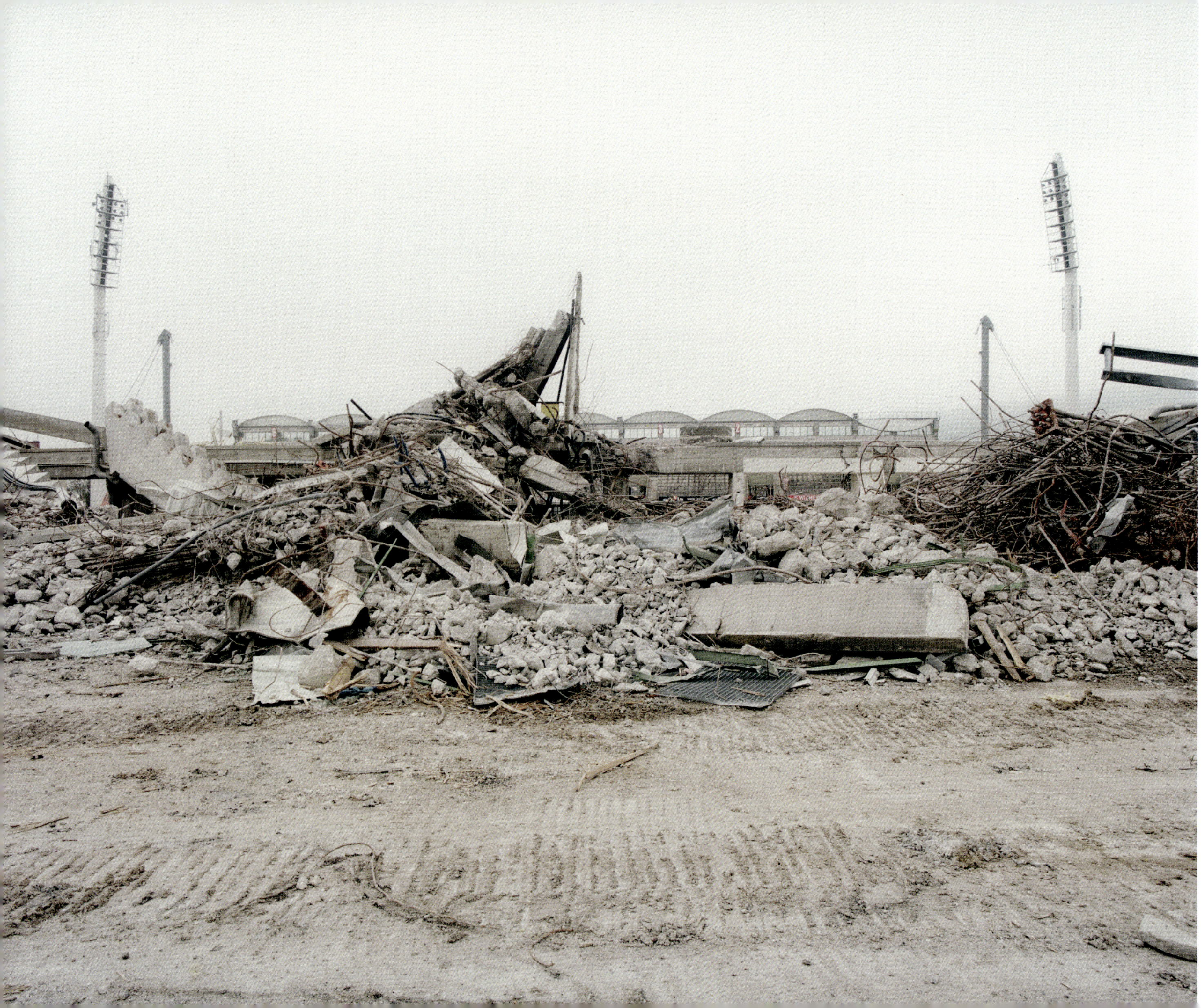

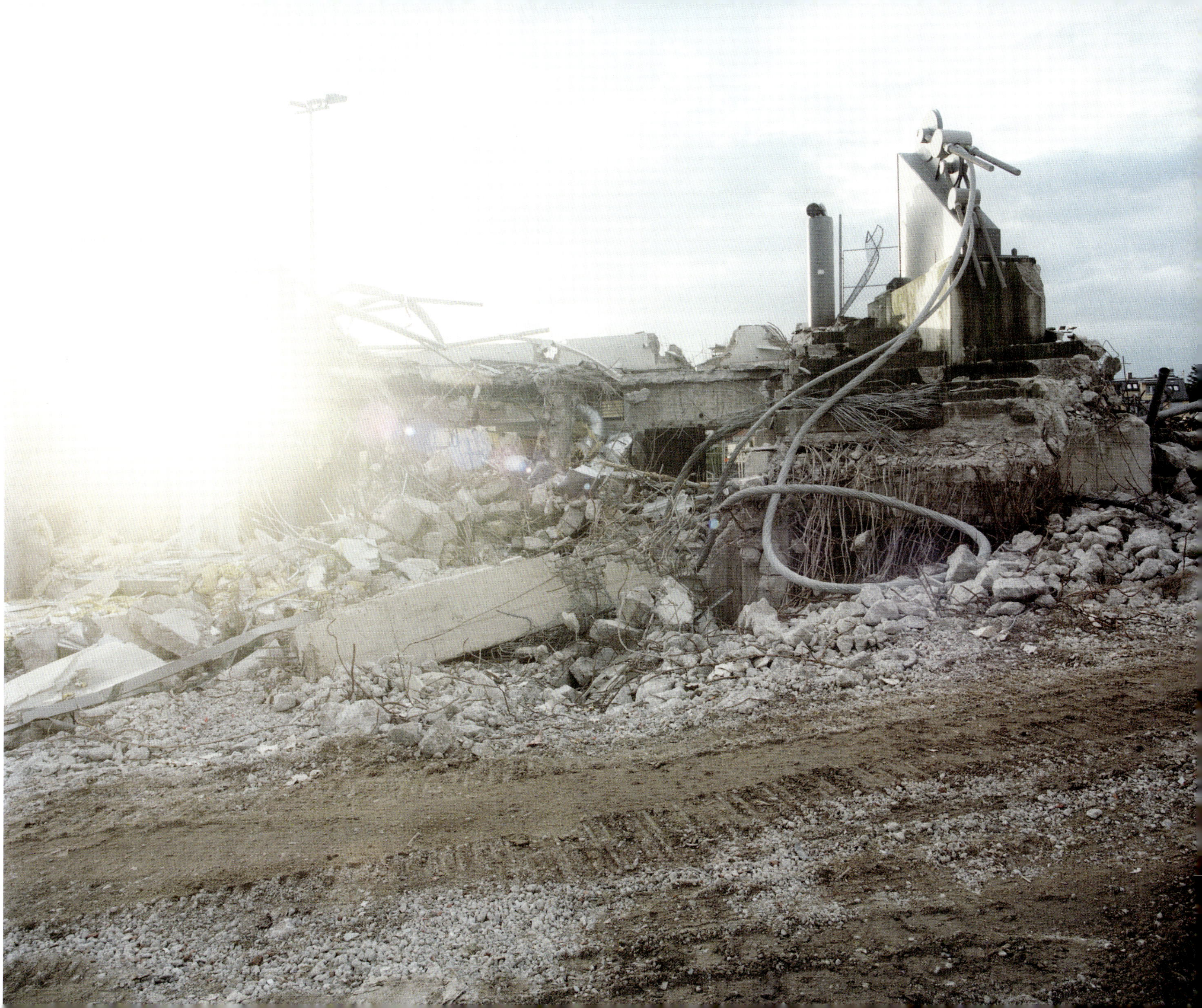

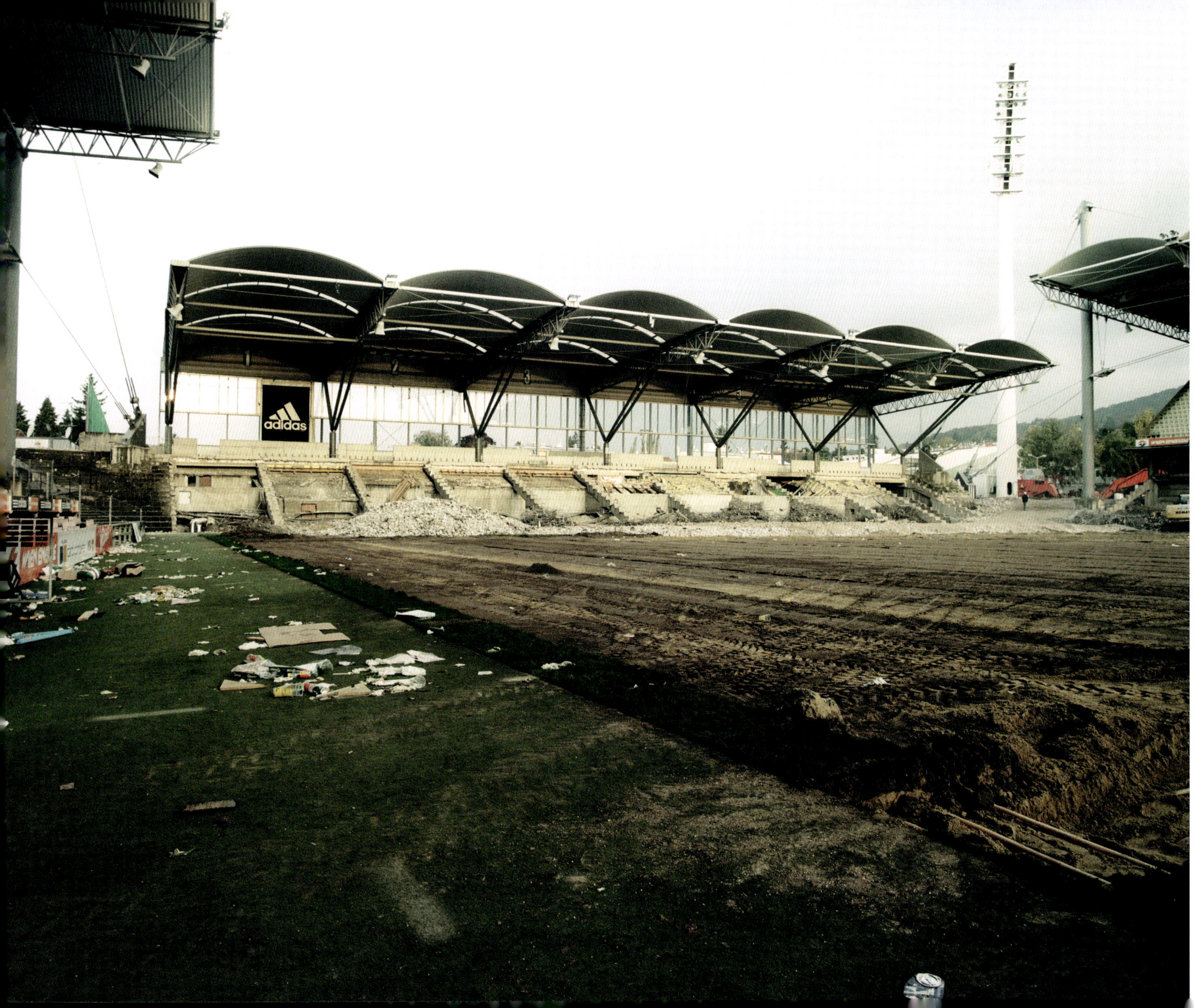
adidas

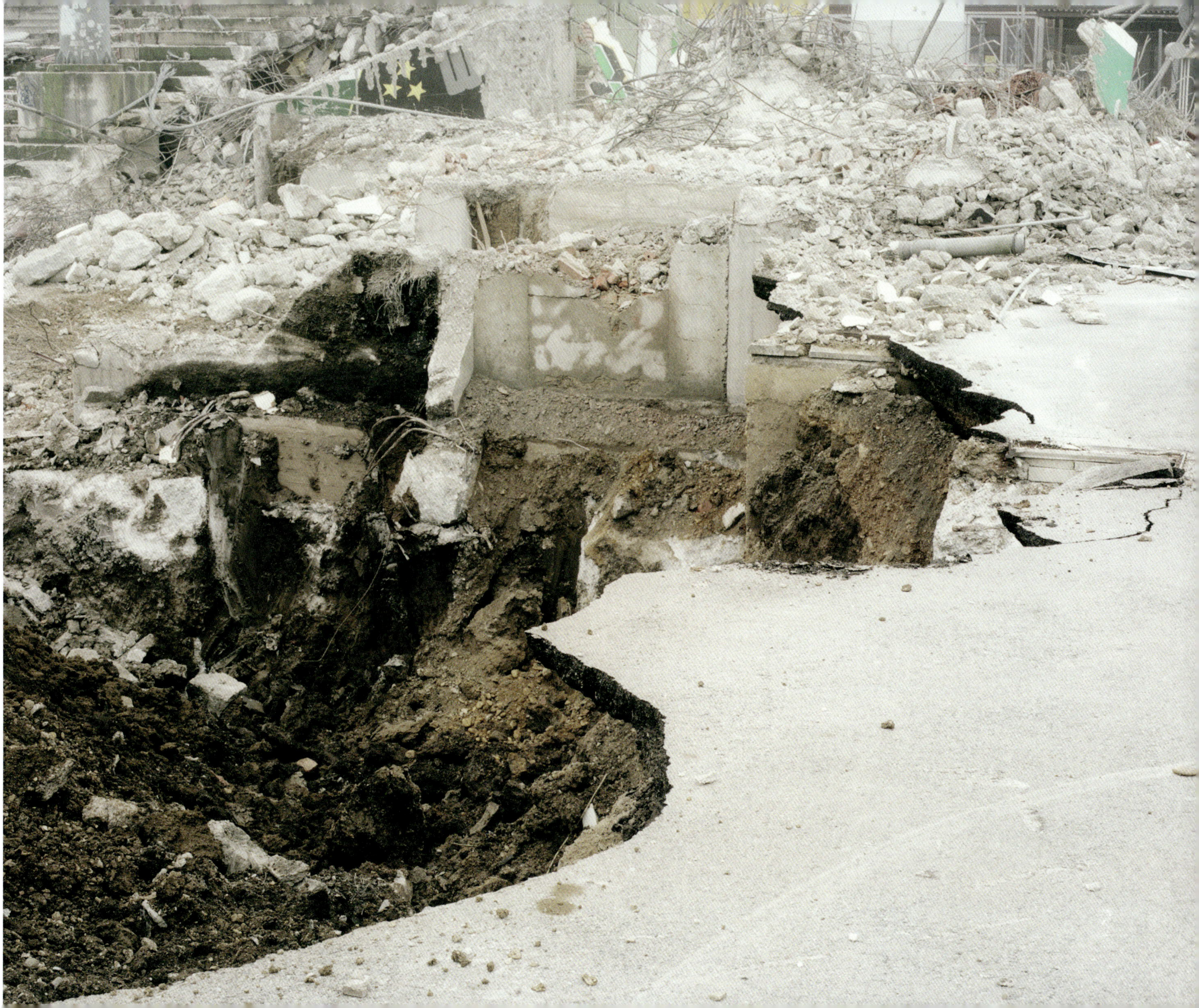

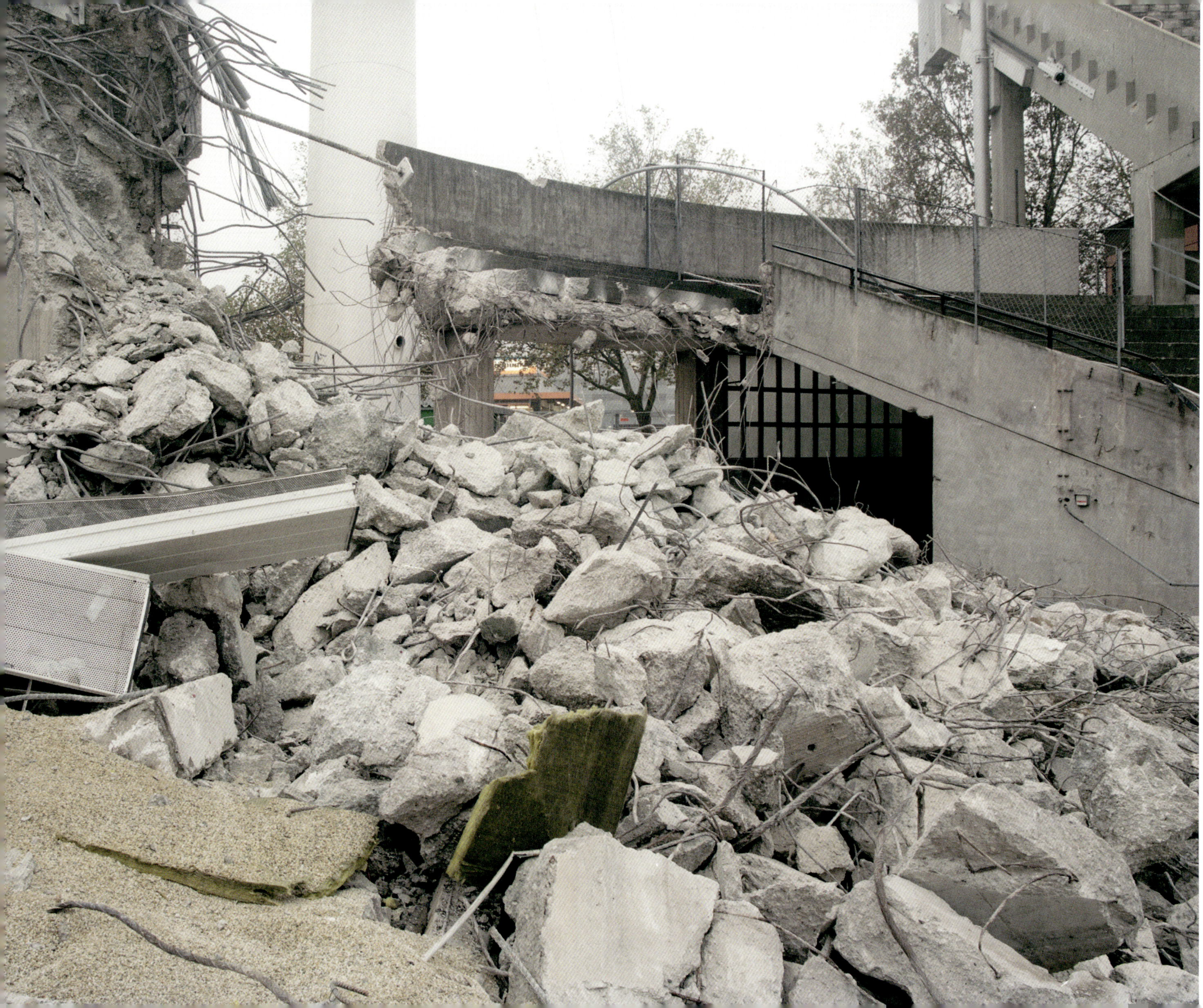

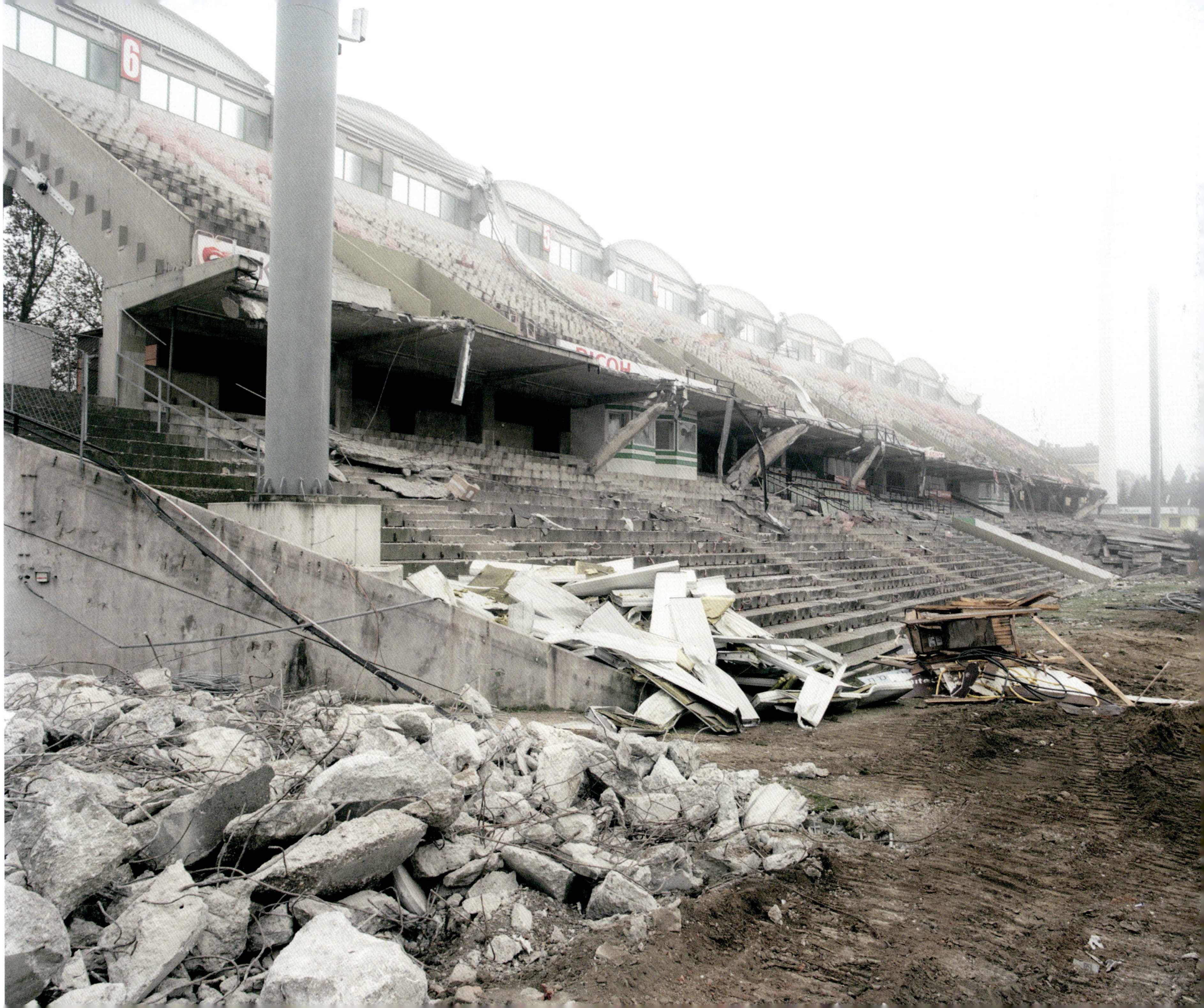
6

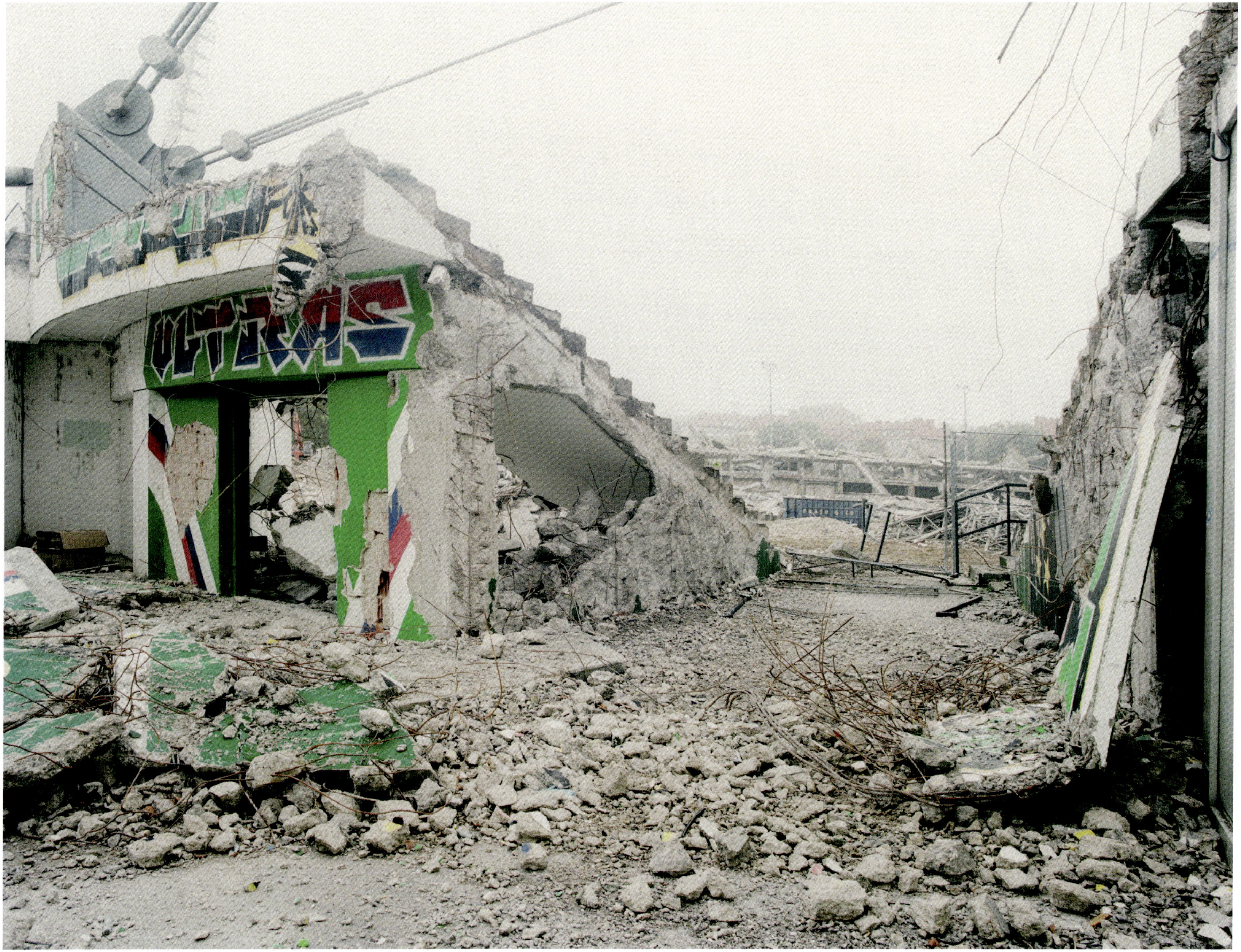
ULTRAS

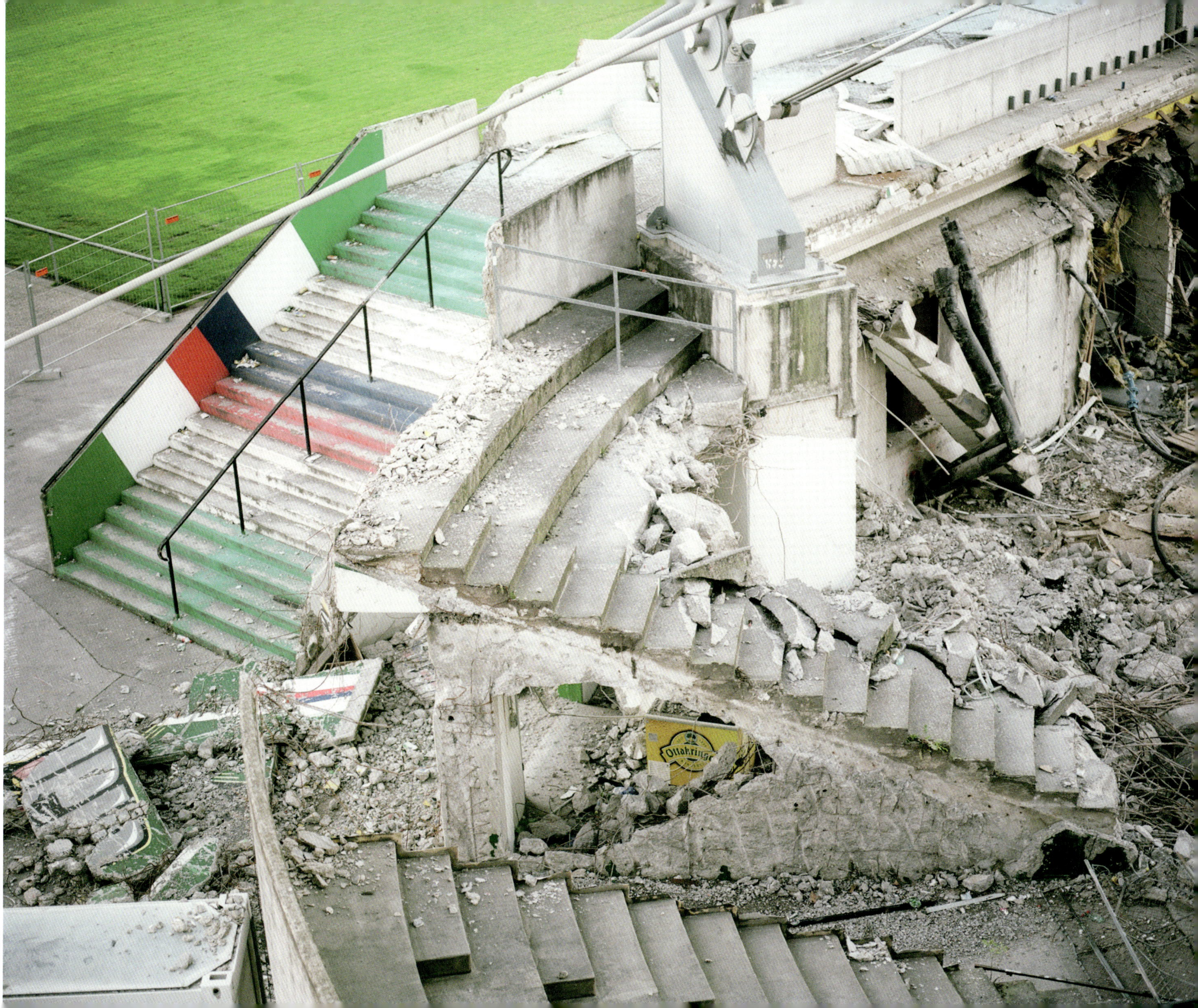

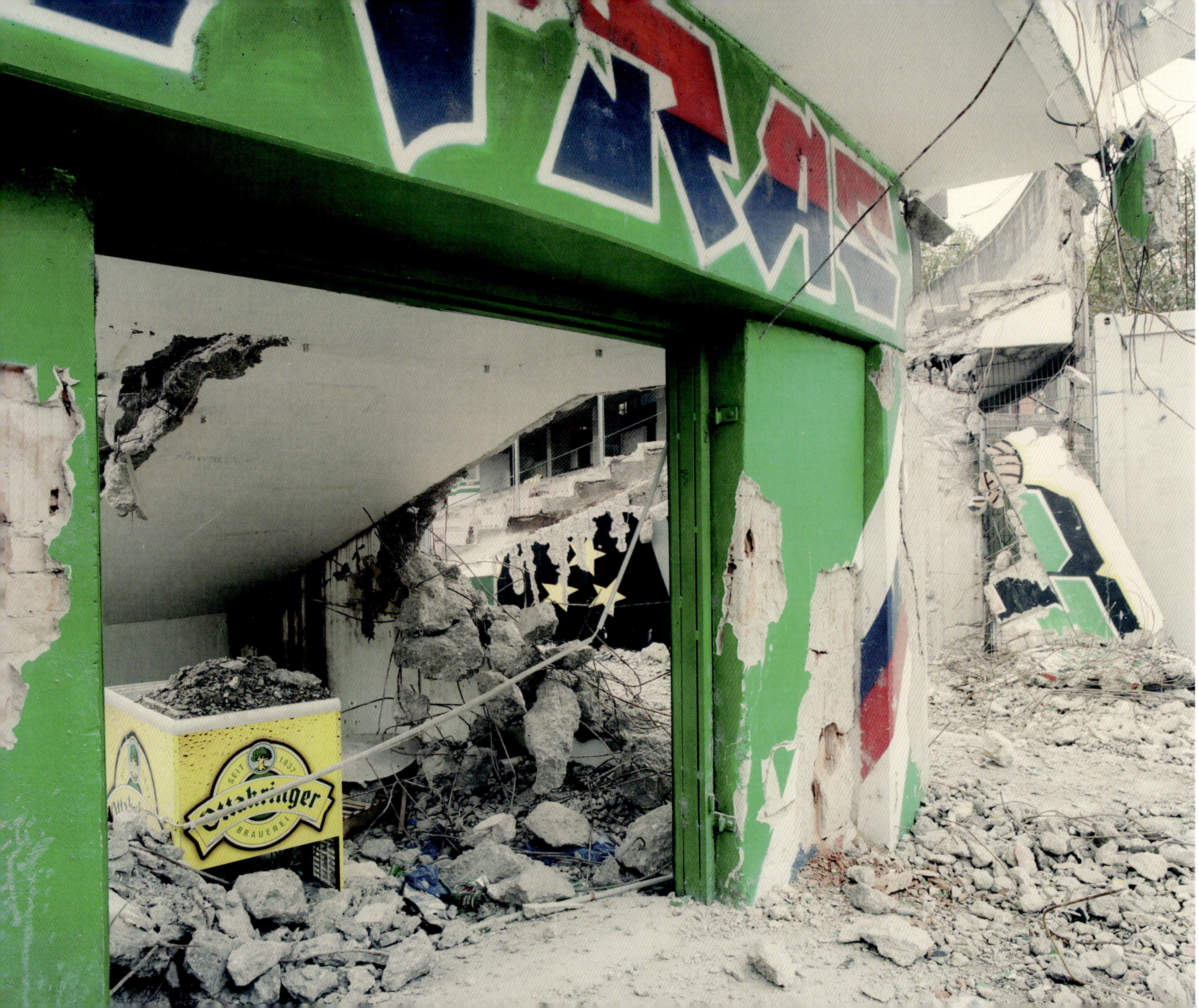
SEIT 1837
Ottakringer
BRAUEREI

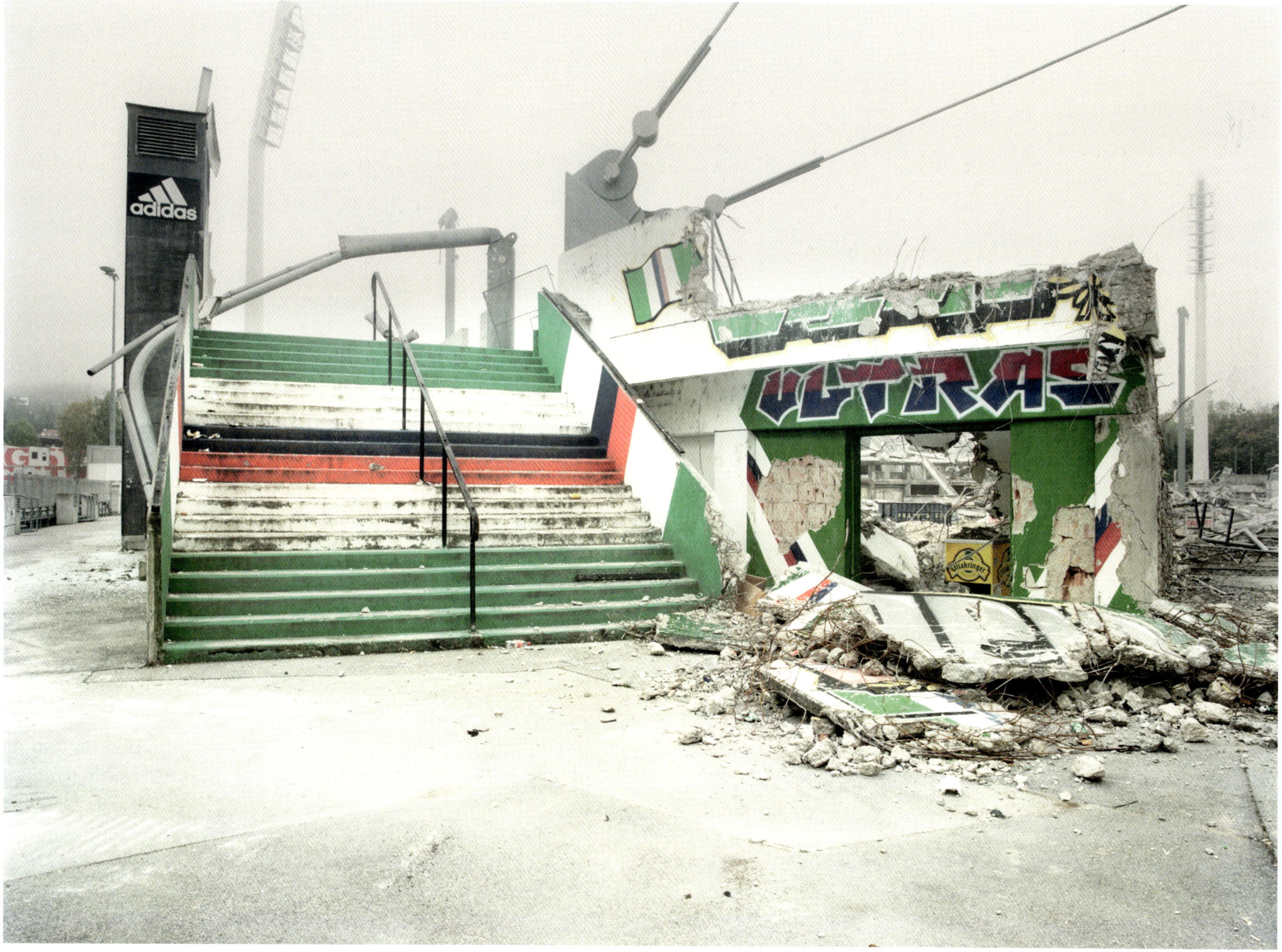
adidas
ULTRAS

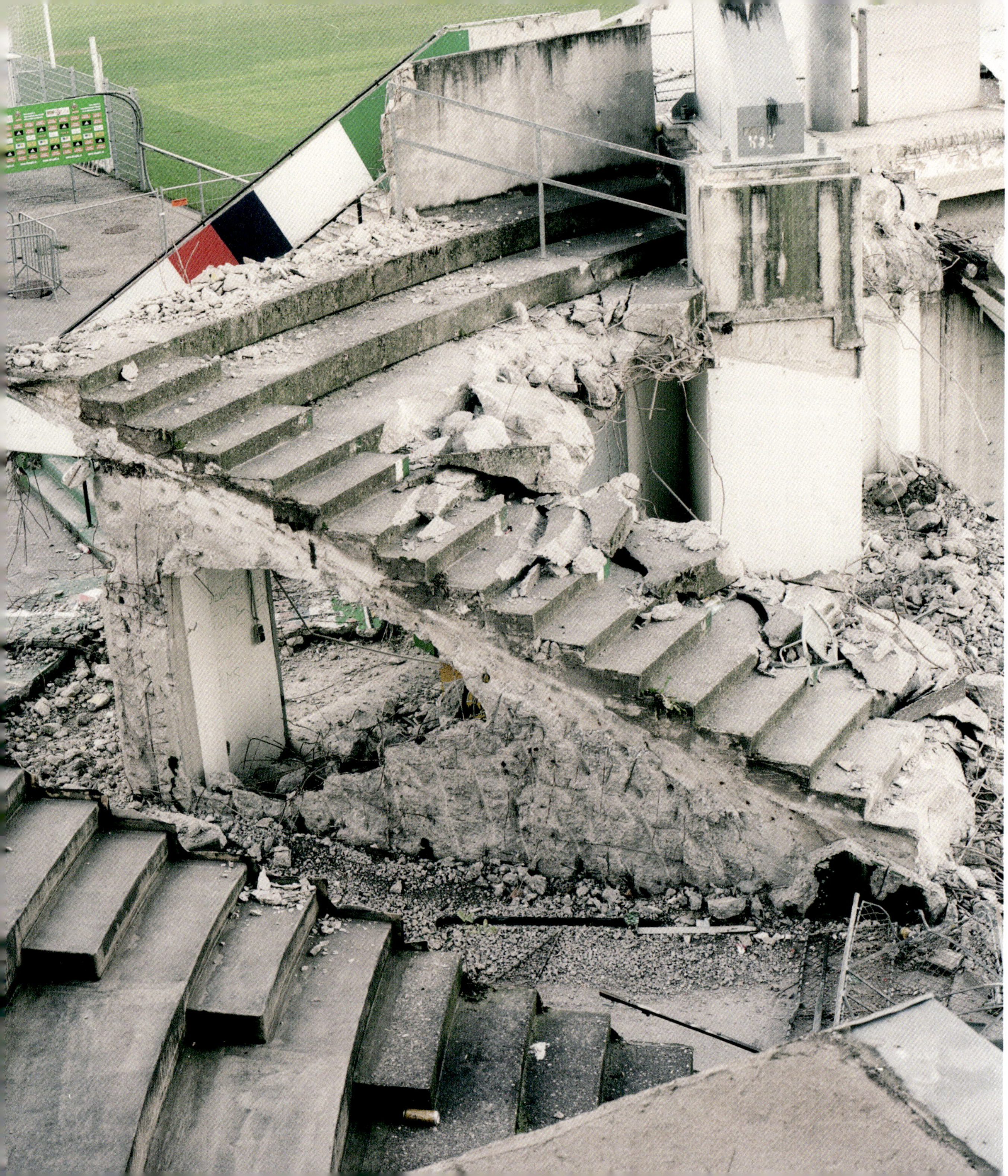

Eric Phillipp
Das Herz von Hütteldorf

Schluss, aus, vorbei – nach 37 Jahren hat das Hanappi-Stadion am 6. Juli 2014 als Heimstätte des SK Rapid ausgedient. Ein letztes Spiel in aller Freundschaft gegen den Celtic FC setzt den Schlusspunkt hinter eines der prägendsten Kapitel in der Geschichte des Hütteldorfer Vereins.
Auch wenn es heute als St. Hanappi bezeichnet und als Ort des Rapidgeists verklärt wird – das Verhältnis der Rapid-Anhänger zum Stadion war bei dessen Eröffnung durchaus zwiespältig. Seit 1912 hatte Rapid seine Heimspiele auf der Pfarrwiese ausgetragen, die nur wenige hundert Meter entfernt vom neuen Stadion lag. Von der Enge der britisch anmutenden Ränge und der imposanten, 8000 Zuschauer fassenden Stehplatztribüne schwärmen Zeitzeugen noch heute. Mit der sachlichen Architektur des neuen Stadions im Geist der 1970er-Jahre konnten die Fans zu Beginn nur wenig anfangen. Die Tage der Pfarrwiese waren jedoch schon lange gezählt. Ein geplanter Autobahnzubringer sollte über das Gelände führen, und so beauftragte die Gemeinde Wien Ende der 1960er-Jahre Gerhard Hanappi mit der Planung eines neuen Sportzentrums in Hütteldorf, das auch als Heimstätte für den SK Rapid dienen sollte. Hanappi hatte von 1950 bis 1964 selbst für Rapid gekickt und konnte sich seinen Platz als einer der größten Spieler in den Vereinsannalen sichern. Nebenher schloss er ein Architekturstudium ab und sammelte bereits Erfahrungen beim Bau kleinerer Sportanlagen. Er war somit der ideale Mann für das Vorhaben. 1971 wurde mit dem Bau an der Keißlergasse begonnen, mehrere Adaptierungen, die vor allem finanziellen Aspekten geschuldet waren, ließen den geplanten Eröffnungstermin 1974 in weite Ferne rücken. Erst am 10. Mai 1977 bestritt Rapid sein erstes Spiel im Weststadion, so die ursprüngliche Bezeichnung. Die Hausherren gewannen gegen die Austria 1:0.

Das für 20.000 Besucher ausgelegte Stadion war vollkommen mit Sitzplätzen ausgestattet, was ein Novum für die damalige Zeit darstellte. Die Oberränge der beiden Längstribünen waren größtenteils überdacht, Mannschaftskabinen und Reporterplätze auf dem neuesten Stand – ein Quantensprung gegenüber der Infrastruktur der Pfarrwiese. Und endlich hatte man auch die Möglichkeit, Spiele unter Flutlicht auszutragen. Die vier Flutlichtmasten, im Volksmund Zahnbürstl genannt, wurden zu einem Wahrzeichen von Hütteldorf.
Rapid hatte bereits fast vier Saisonen im nunmehrigen Hanappi-Stadion absolviert, doch die Anhänger akzeptierten die neue Heimstätte nur zögerlich. Der 25. Mai 1982 jedoch sollte das Verhältnis der Fans zum Stadion nachhaltig verändern. An diesem Tag besiegte Rapid Wacker Innsbruck 5:0 und wurde erstmals seit 1968 wieder österreichischer Meister. Kolportierte 25.000 Zuseher drängten sich auf den Rängen, 5000 mehr als eigentlich zugelassen, und versuchten von allen möglichen und unmöglichen Orten aus einen Blick auf das Spielfeld zu erhaschen. Bereits kurz vor Schlusspfiff gab die Spielfeldbegrenzung der Westtribüne unter dem Druck der Zuschauer nach. Die Fans feierten den ersten Meistertitel seit 14 Jahren gemeinsam mit der Mannschaft auf dem Spielfeld. Endlich war das identitätsstiftende kollektive Erlebnis da, das dieses Stadion gebraucht hatte, um sich einen Platz in den Herzen der Anhänger zu erobern. Rapid war im Hanappi-Stadion angekommen.
In den 1980er-Jahren konnte die Mannschaft drei weitere Meistertitel erringen, doch es waren vor allem die Europacup-Spiele jener Zeit, die den Ruf des Stadions als uneinnehmbare Festung begründeten. In der Saison 1984/1985 legte Rapid nach teils furiosen Siegen in Hütteldorf gegen

Beşiktaş Istanbul (4:1), Celtic FC (3:1), Dynamo Dresden (5:0) und Dynamo Moskau (3:1) den Grundstein zum Einzug ins Finale des Europacups der Cupsieger in Rotterdam. Das Hanappi-Stadion hatte seinen Platz auf der europäischen Fußballlandkarte gefunden.

Anfang der 1990er-Jahre schlitterte Rapid in eine finanzielle Krise, der Verein kämpfte um seine Existenz. Mitte der Dekade konnte sich der Verein wieder konsolidieren und wurde mit einer jungen Mannschaft 1995 Cupsieger und 1996 Meister. Im gleichen Jahr zog Rapid überraschend ins Finale des Europacups der Cupsieger ein und spielte in der darauffolgenden Saison in der Champions League. Doch im Unterschied zu den großen europäischen Spielen der 1980er-Jahre wurden die meisten dieser Partien nun im Ernst-Happel-Stadion im Prater ausgetragen. Abgesehen von der zu geringen Zuschauerkapazität genügte das Hanappi-Stadion auch den Anforderungen an Zuschauerkomfort sowie den Bedürfnissen der TV-Anstalten und VIP-Gäste nicht mehr. Das Stadion war schnell in die Jahre gekommen.

Anfang der 2000er-Jahre wurden deshalb umfangreiche Umbauarbeiten in Angriff genommen. Die Dächer auf Nord- und Südtribüne wurden erneuert, und auch die West- und Osttribüne hinter den Toren erhielten eine Überdachung. Anstelle der alten Anzeigetafel wurden Vidiwalls installiert, und eine zum Stadion gehörige Parkgarage wurde an der Keißlergasse errichtet. Hinter der Nordtribüne wurde ein zweiter VIP-Klub gebaut. Nach dem Umbau bot das Hanappi-Stadion nun 18.500 Zuschauern Platz, die allesamt von überdachten Sitzplätzen die Spiele verfolgen konnten. Am 27. Oktober 2002 wurde das Stadion wiedereröffnet, der Gegner hieß wie schon 1977 Austria. Diesmal musste sich Rapid allerdings 1:2 geschlagen geben.

Die Meistertitel 2005 und 2008 sowie Europacup-Erfolge wie jene gegen Partizan Belgrad, Aston Villa und PAOK Saloniki haben sich auch ins kollektive Gedächtnis der jüngeren Fans eingebrannt. Josef Hickersberger, Meistertrainer von 2005, prägte den Begriff vom „St. Hanappi", den sowohl Fans als auch Medien schnell übernahmen.

Auch die Heiligsprechung konnte allerdings nicht darüber hinwegtäuschen, dass der Umbau 2002 bis auf die oben erwähnten Maßnahmen vor allem kosmetischer Natur war. Die sanitären Anlagen spotteten weiterhin jeder Beschreibung, im Bereich der Mannschaftskabinen trat immer wieder Wasser ein. An manchen Stellen bröckelte der Beton ab, und die darunterliegenden Bewehrungsstäbe wurden sichtbar. Die Fans wünschten sich größere Gastronomiebereiche, der Verein zeitgemäße VIP-Logen. Die Rufe nach einer neuerlichen Adaptierung des Stadions wurden immer lauter. Die Gemeinde Wien stellte als Eigentümerin und Vermieterin des Stadions dem Verein im Spätherbst 2011 eine Förderung für die Sanierung in Höhe von knapp 20 Millionen Euro zur Verfügung. Der SK Rapid wurde im Gegenzug Pächter statt Mieter des Stadions und war ab sofort selbst für sämtliche Sanierungsarbeiten verantwortlich. Schnell stellte sich heraus, dass eine Sanierung in keinem Verhältnis zu den Kosten stehen würde, zu sehr war die alte Bausubstanz in den letzten Jahrzehnten vernachlässigt worden. Das Ende von St. Hanappi war besiegelt.

2016 wird das neue Stadion an alter Stätte eröffnet. Ein Flutlichtmast wird als Reminiszenz an das alte Stadion erhalten bleiben. Der Campanile von St. Hanappi wird weiterhin an die Geschichten vergangener Zeiten erinnern, er soll den Rapidgeist in das neue Stadion tragen.

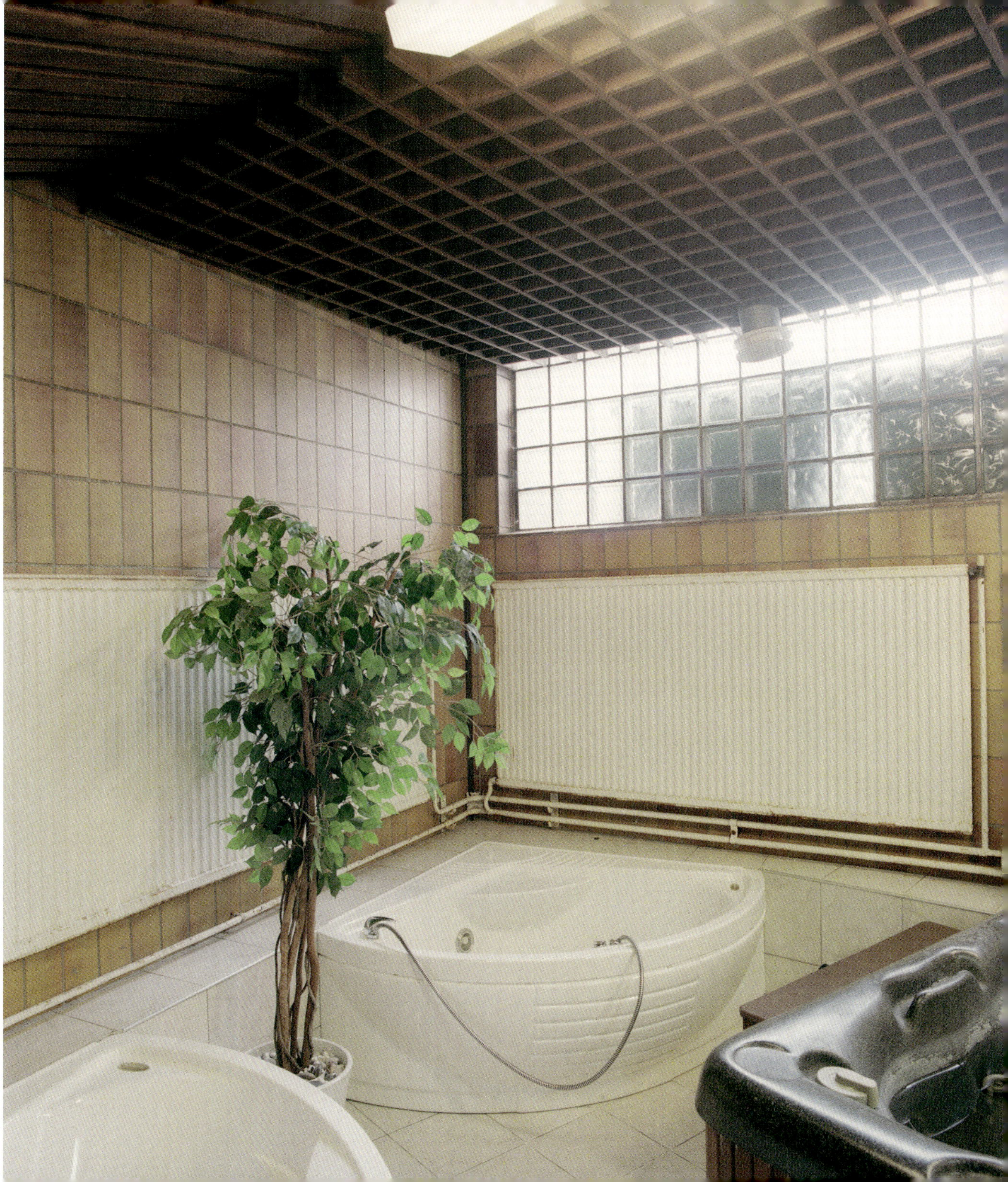

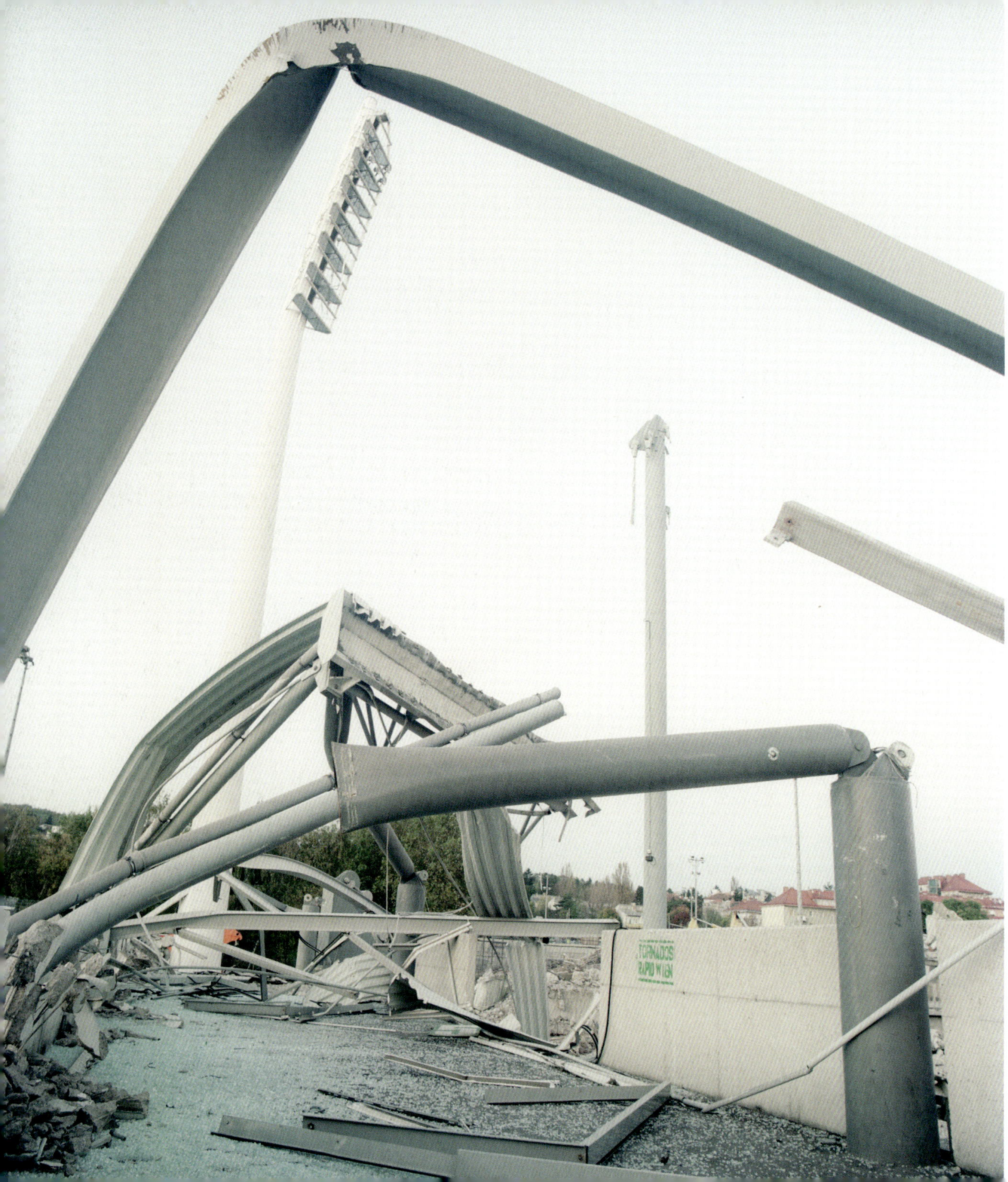
TORNADOS
RAPID WIEN

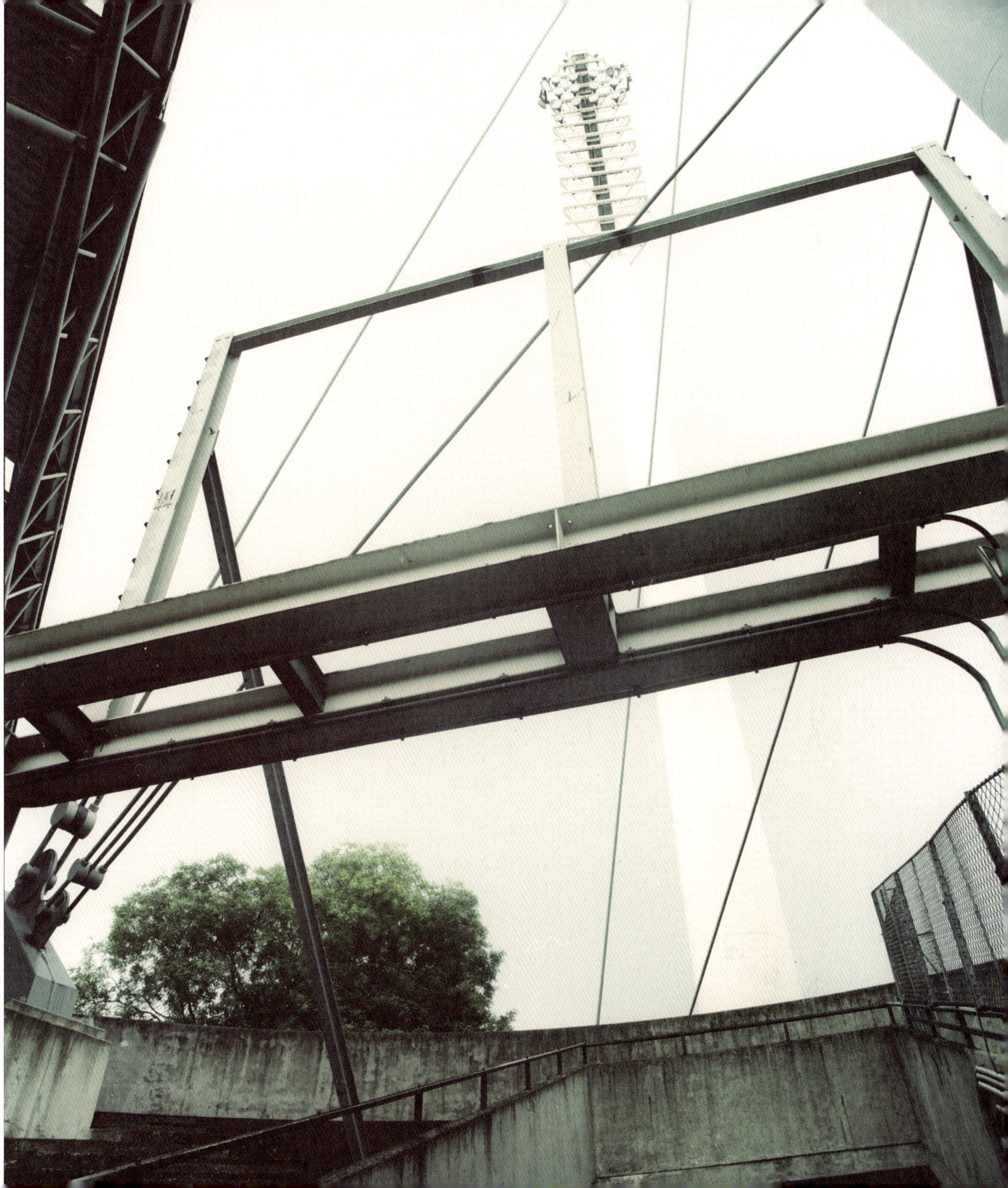

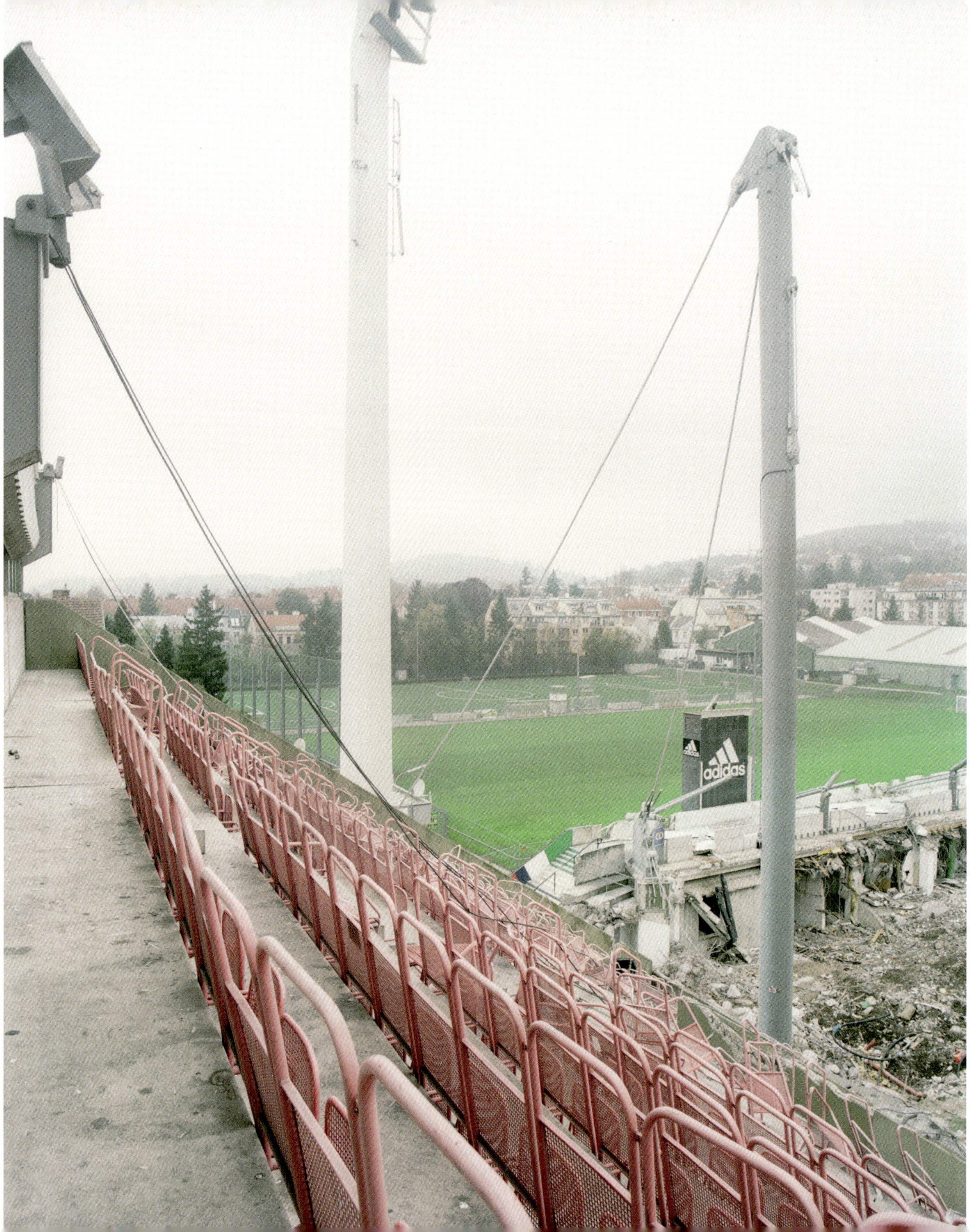
adidas

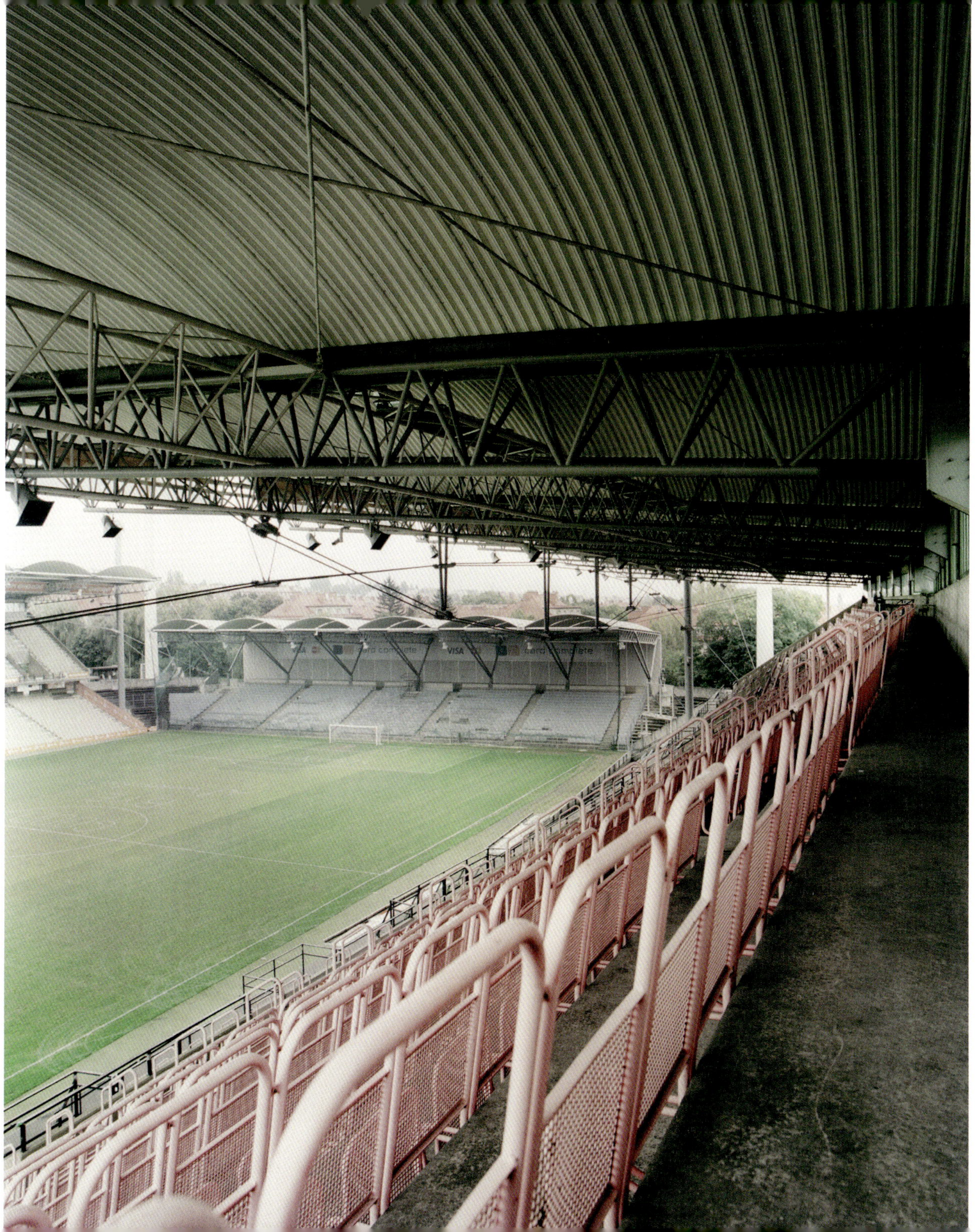

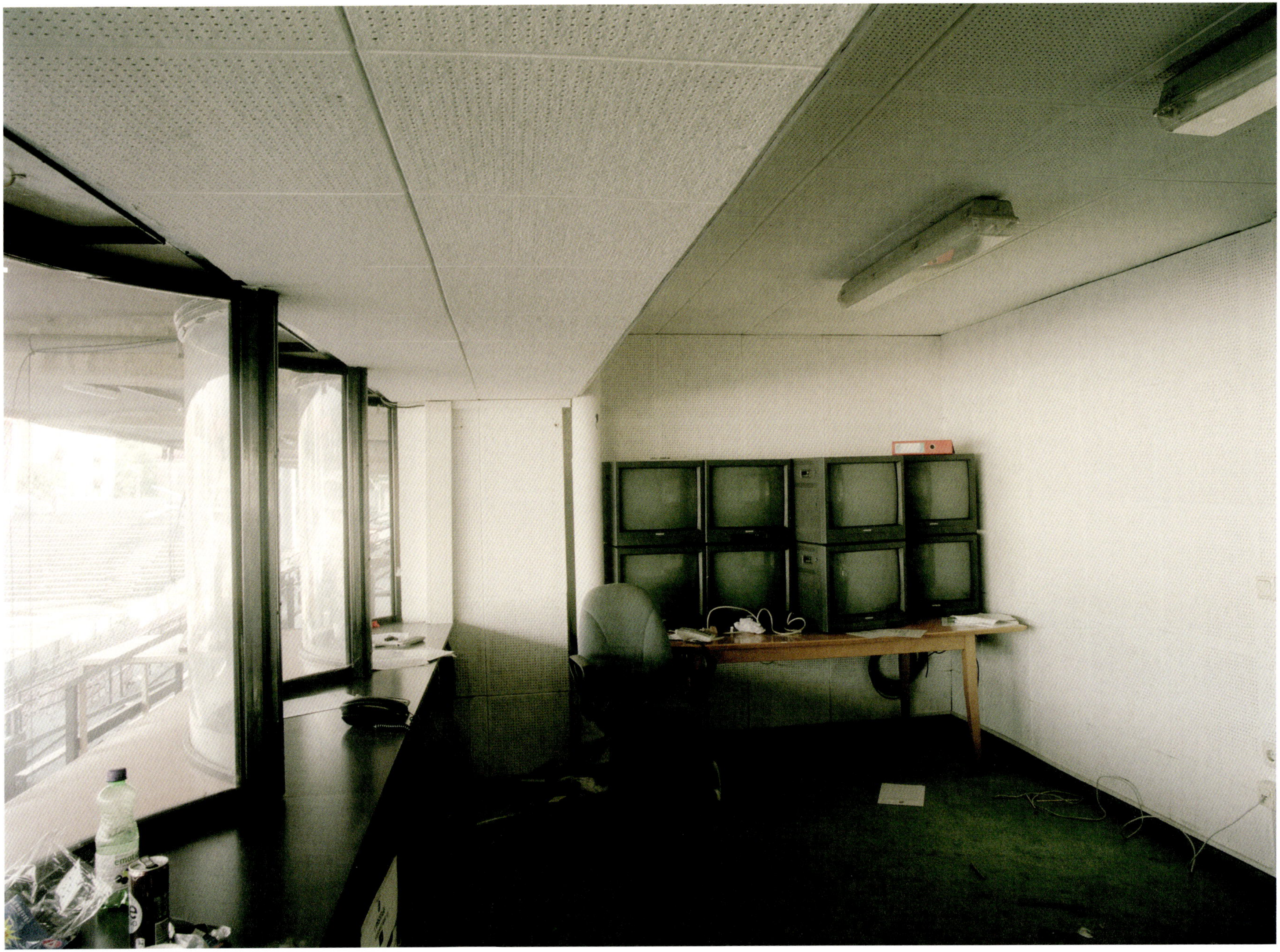

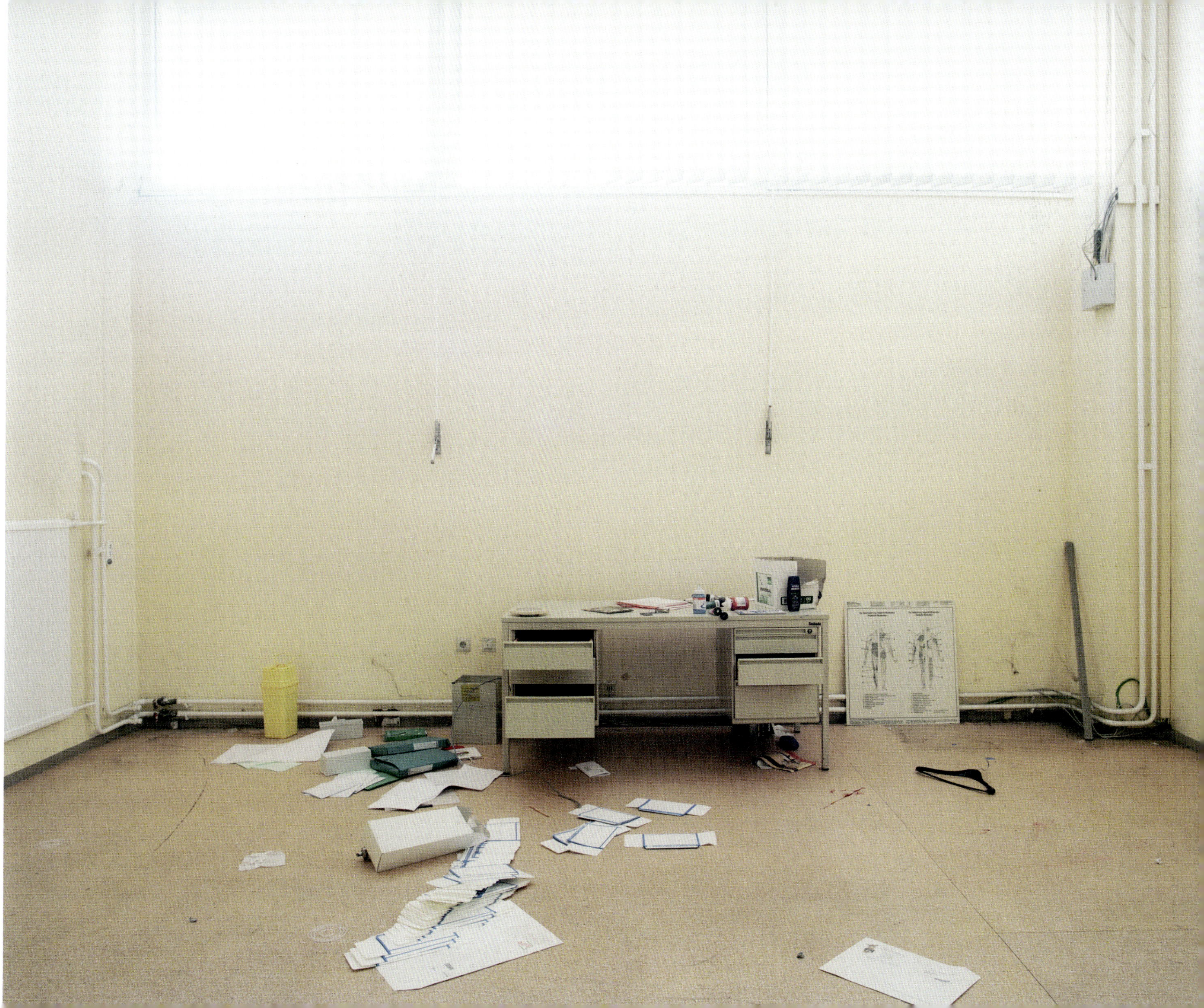

BALL KÖNIG

ANTI KOMMERZ

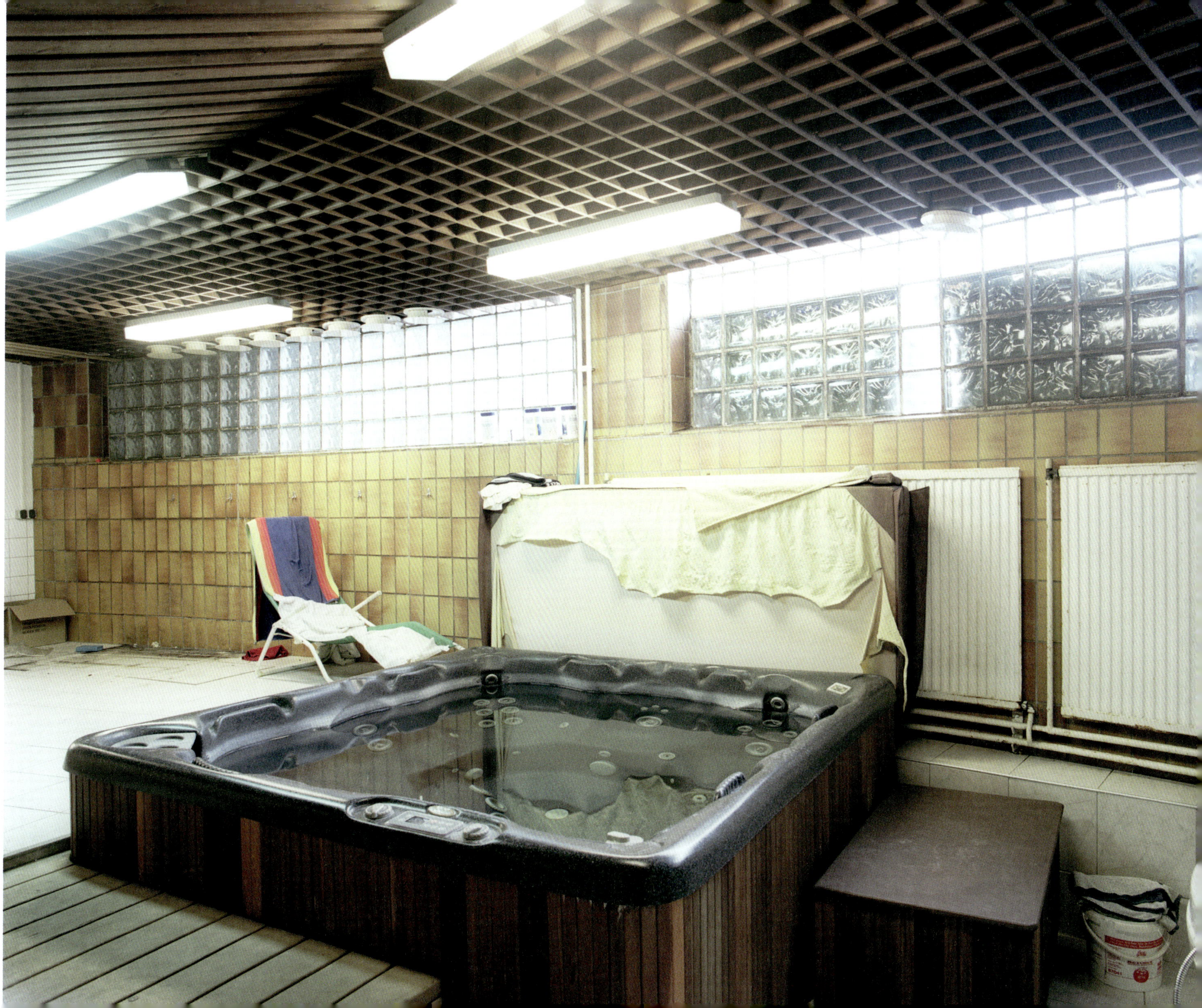

ABO-SITZPLATZ
ABO-SITZPLATZ
ABO-SITZPLATZ
ABO-SITZPLATZ
Ehrentraud Wolfgang NOR 10 148
ABO-SITZPLATZ
Ehrentraud Brigita NOR 10 147
RAPID
VORURTEILE PLATZEN LASSEN
OLDSCHOOL
burn
PYRO TECHNIK IST KEIN VERBRECHEN!
Gegen die verlogene Presse
PYROTECHNIK IST KEIN VERBRECHEN
ABO-SITZPLATZ
SEKTIO
MEIDLING
Prokesch Robert

SEKTION MEIDLING

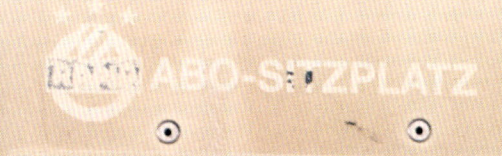

ABO-SITZPLATZ
Prokesch Robert   NOR 9 147

RAPID
VORURTEILE PLATZEN LASSEN

ULTRAS ATHENS

PYRO Technik ist KEIN Verbrechen!

RAPID WIEN LEBENSSINN

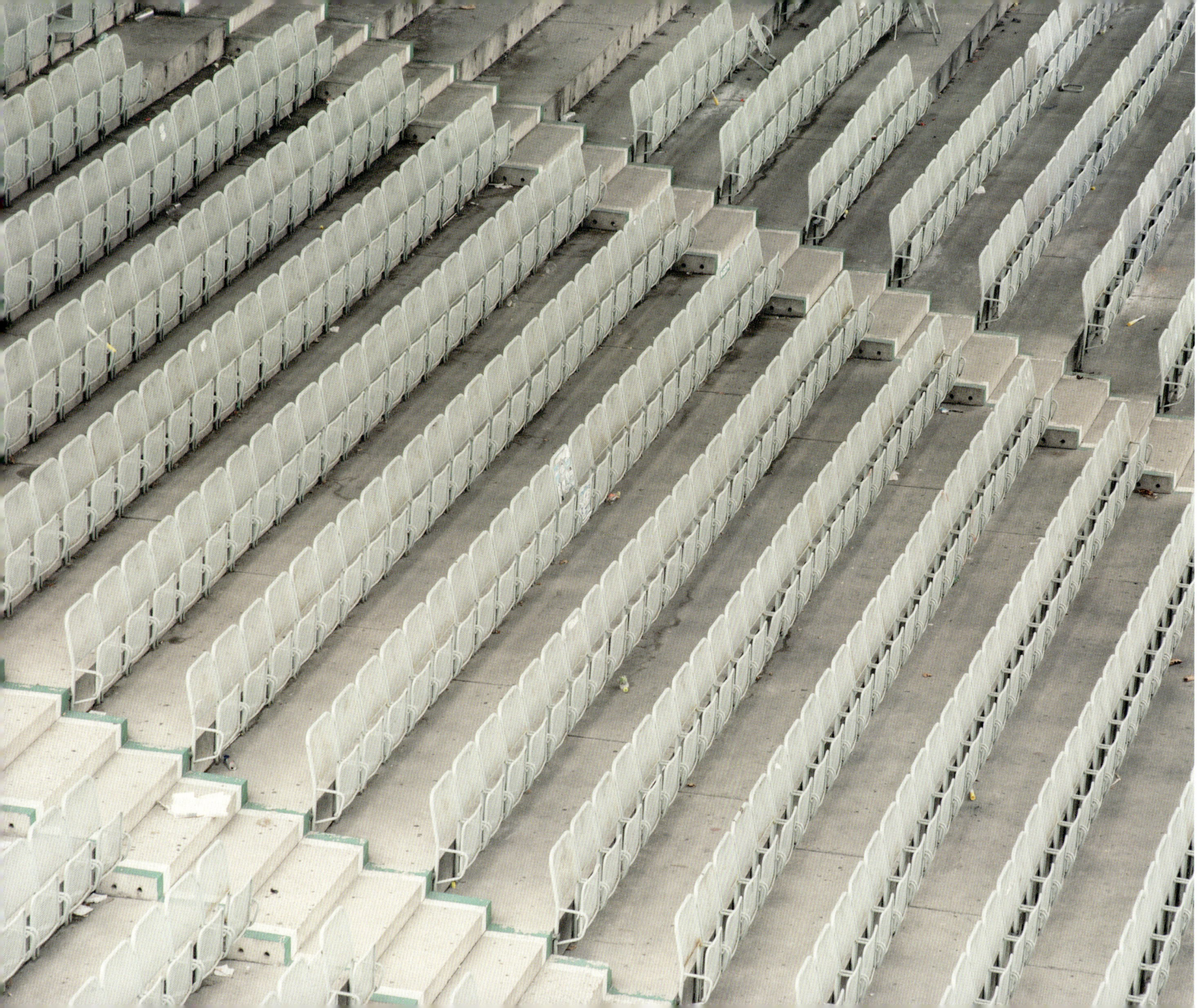

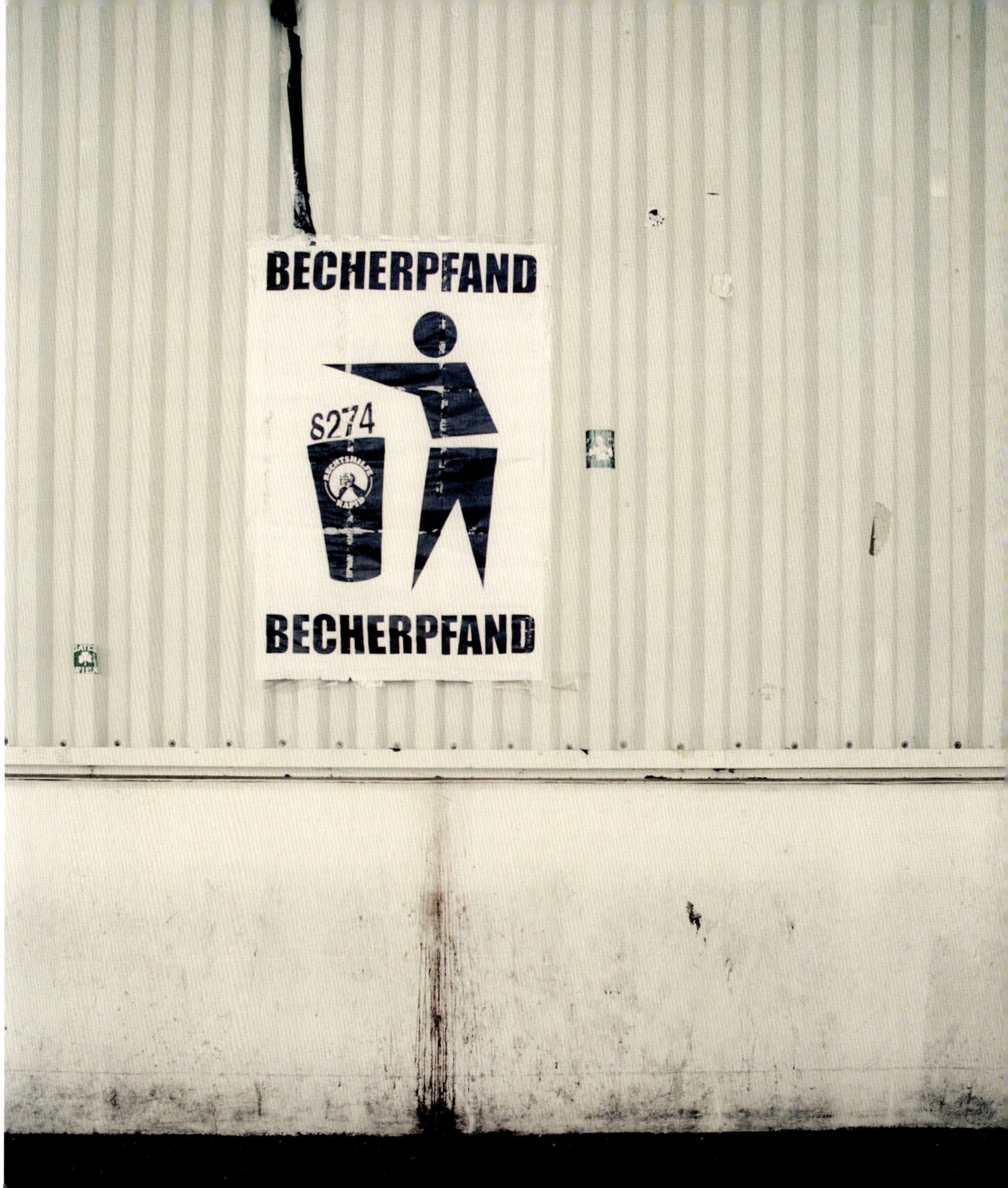
BECHERPFAND
8274
BECHERPFAND

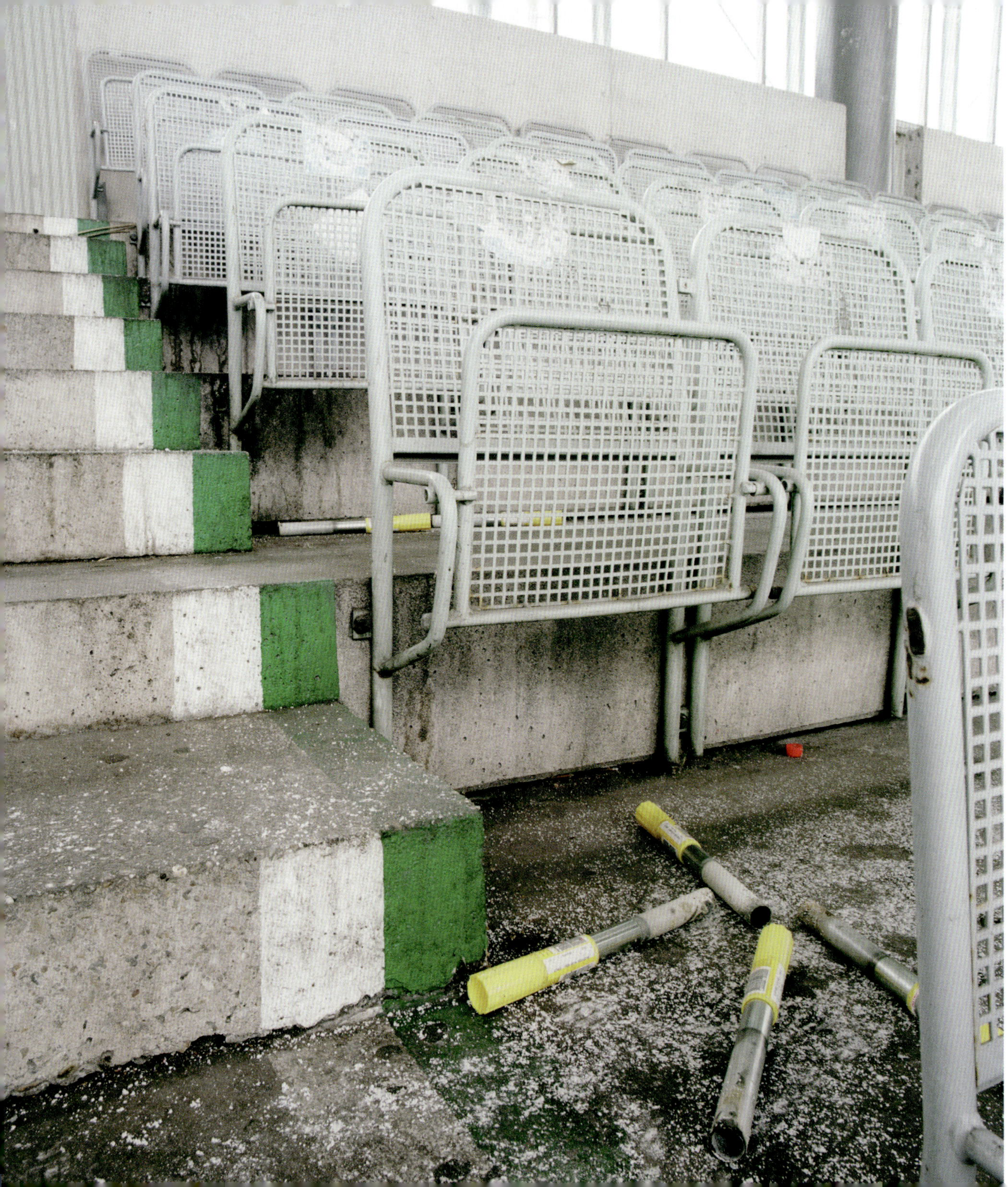

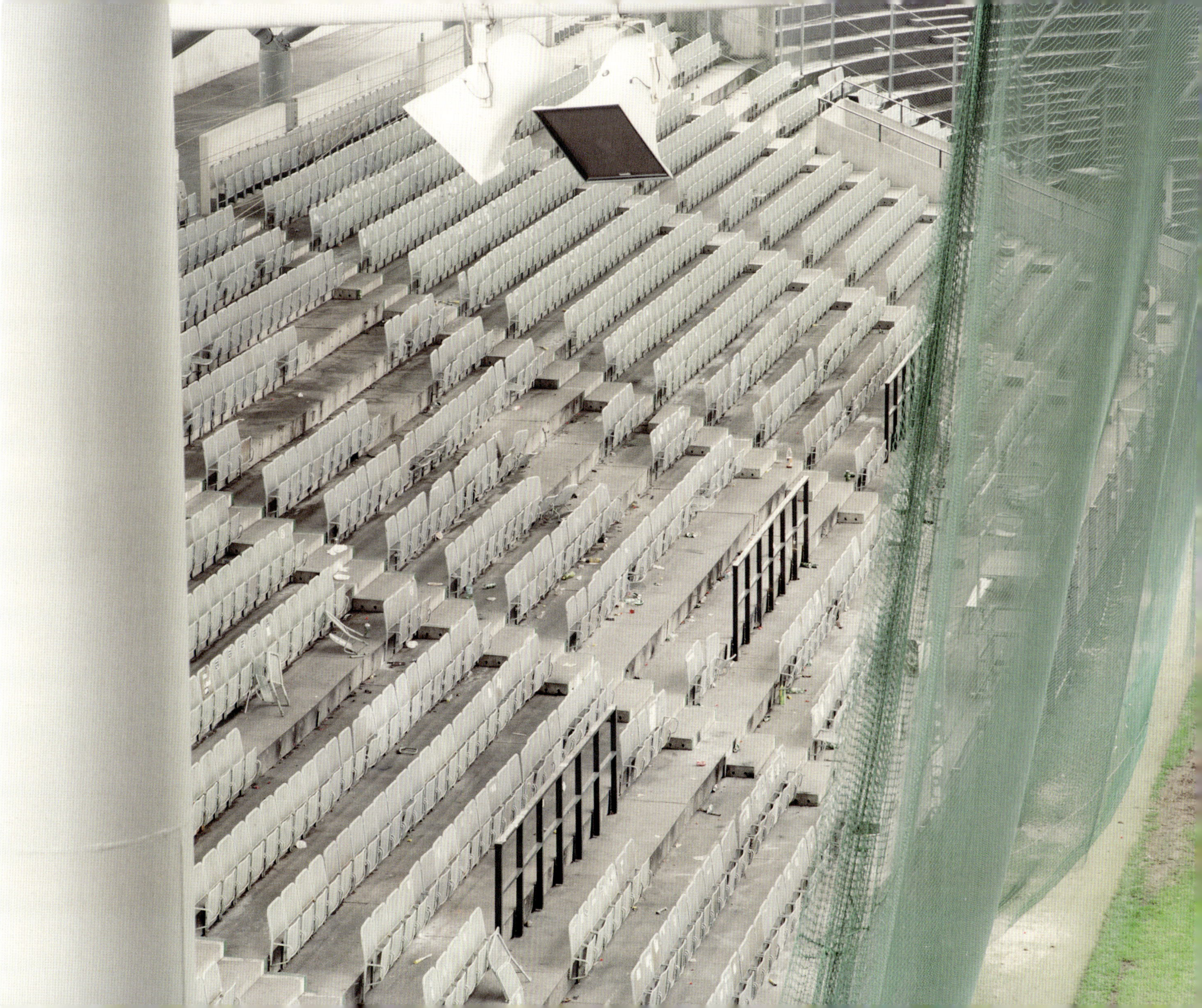

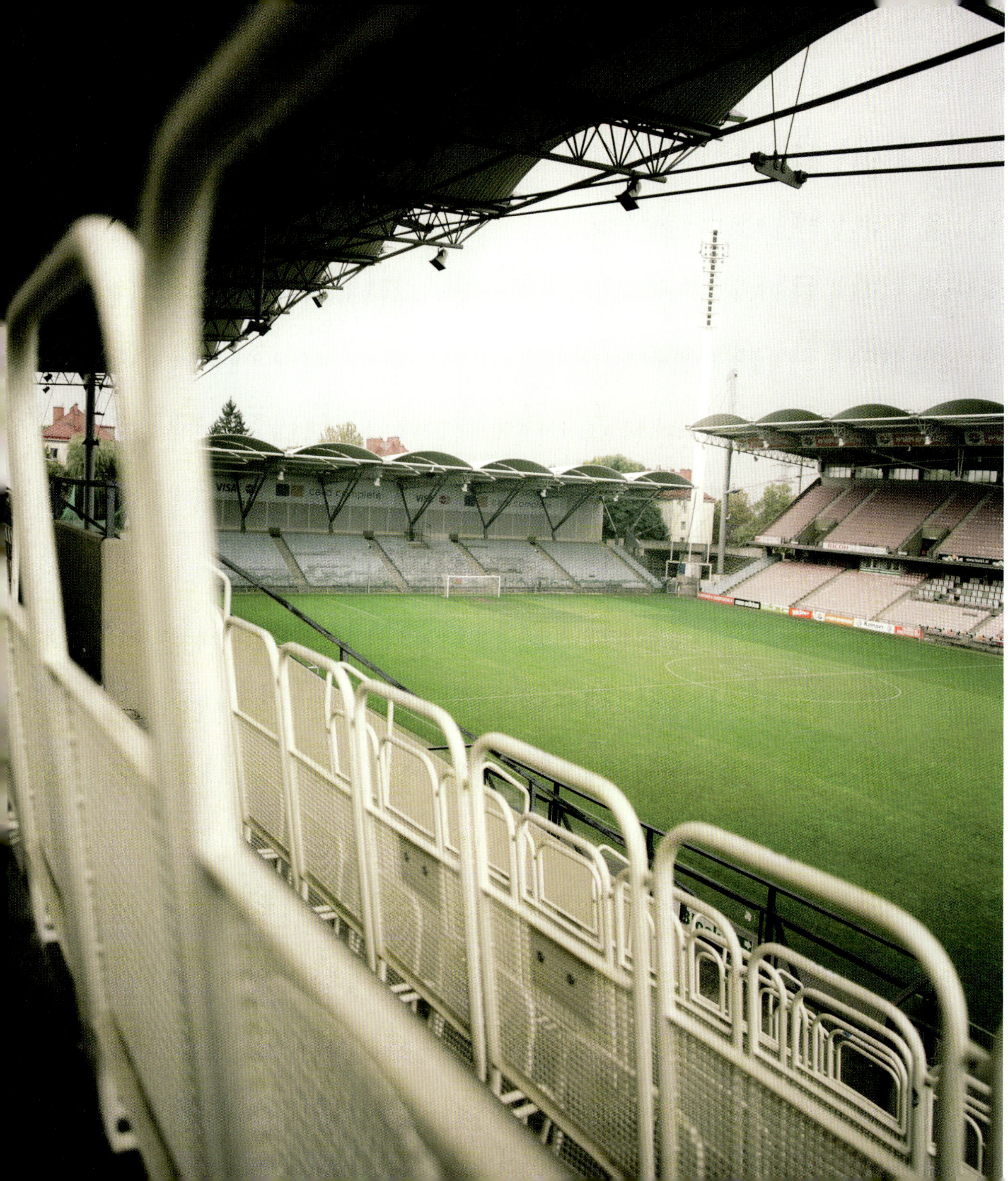

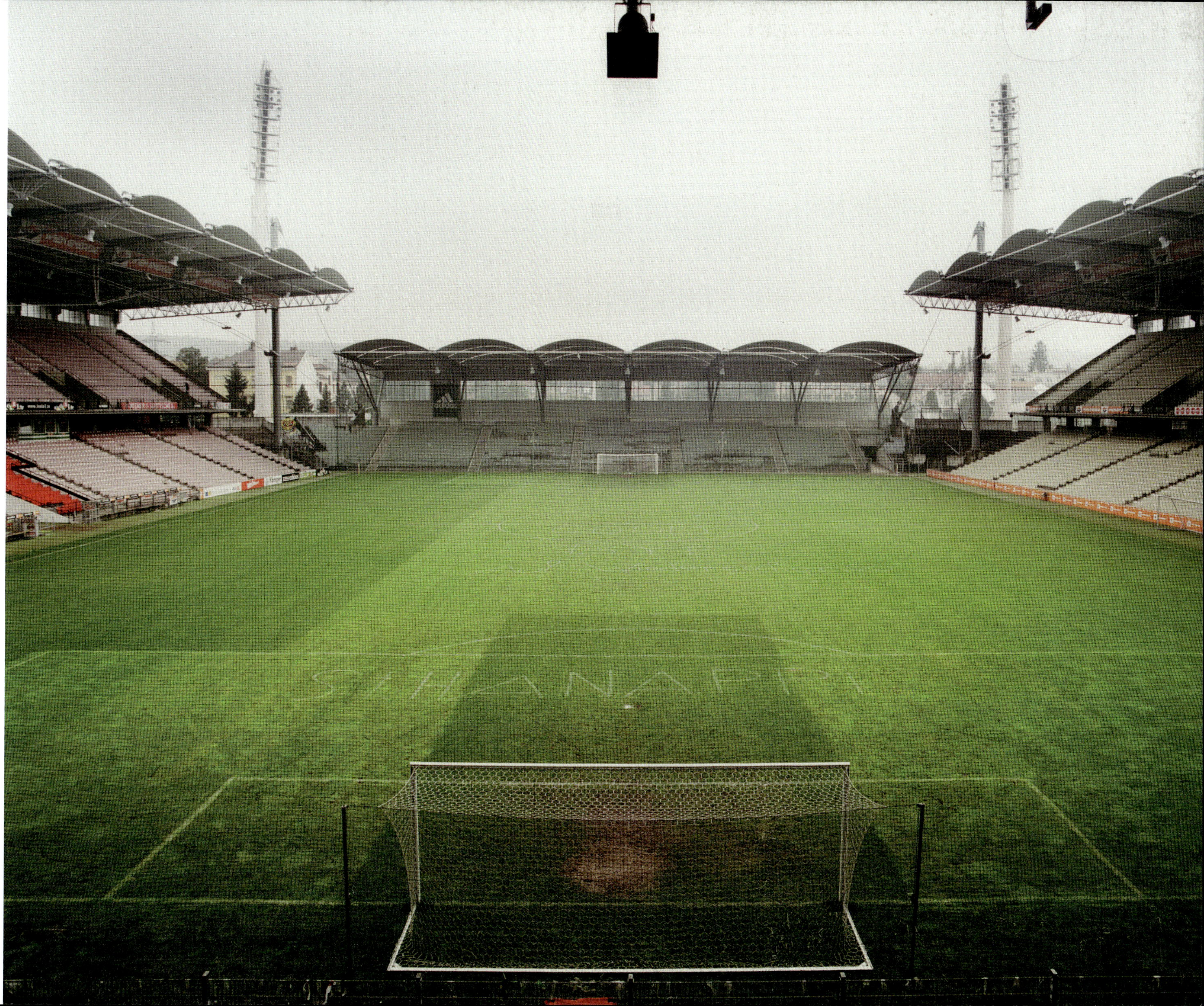

Impressum

Bibliografische Information der Deutschen Bibliothek:
Die Deutsche Bibliothek verzeichnet diese Publikation in
der Deutschen Nationalbibliografie; detaillierte bibliografische
Daten sind im Internet über http://dnb.ddb.de abrufbar.

© 2016 Promedia Druck- und Verlagsgesellschaft m.b.H., Wien
Alle Rechte vorbehalten
Druck: Finidr, Lípová
Printed in Czech Republic
ISBN: 978-3-85371-414-0

Alle Fotos in diesem Band: Kurt Prinz
Grafik & Design: Tobias Held/Atzgerei

Fordern Sie die Kataloge unseres Verlages an:

Promedia Verlag E-Mail: promedia@mediashop.at
Wickenburggasse 5/12 Internet: www.mediashop.at
A-1080 Wien www.verlag-promedia.de

Danksagung

Vielen lieben Dank für die Unterstützung:

Atzgerei, Marion Batty, eze, Sigrid Guttmann, Tobias Held,
Fiona Idahosa, Ralph Klever, Peter Klinglmüller, Lorenz Kirchschlager,
Stefan Kraft, Michael Krause, Michael Marlovics, Walter Martna,
Helmut Neundlinger, Fa. Prajo, Walter und Maria Prinz, Paul und Hilde Riha,
Florian Scheirl, Fa. Strabag, Mitch Tripolt, Dominik Uhl

Quellen

Der Text von Wendelin Schmidt-Dengler erschien erstmals
in dem Buch *Hamlet oder Happel* (Klever Verlag 2012). Wir danken
Maria Schmidt-Dengler für die freundliche Überlassung.

Der Text von Eric Phillipp erschien erstmals in dem Magazin
ballesterer Nr. 94/2014.

Beide Texte wurden für die vorliegende Publikation geringfügig
gekürzt.